40
dias
de **fé**
e **milagres**

CARO(A) LEITOR(A),
Queremos saber sua opinião
sobre nossos livros.
Após a leitura, siga-nos no
linkedin.com/company/editora-gente,
no TikTok @editoragente
e no Instagram @editoragente,
e visite-nos no site
www.editoragente.com.br.
Cadastre-se e contribua com
sugestões, críticas ou elogios.

Michael Aboud

40 dias de fé e milagres

Você pode muito mais do que imagina

Diretora
Rosely Boschini

Gerente Editorial
Rosângela de Araujo Pinheiro Barbosa

Editora
Juliana Fortunato

Assistente Editorial
Camila Gabarrão

Produção Gráfica
Leandro Kulaif

Capa
Plinio Ricca

Projeto Gráfico
Márcia Matos
Joyce Matos

Diagramação
Joyce Matos

Revisão
Débora Spanamberg Wink
Mariana Rimoli

Impressão
Santa Marta

Copyright © 2025 by Michael Aboud
Todos os direitos desta edição
são reservados à Editora Gente.
R. Dep. Lacerda Franco, 300 - Pinheiros
São Paulo, SP - CEP 05418-000
Telefone: (11) 3670-2500
Site: www.editoragente.com.br
E-mail: gente@editoragente.com.br

Dados Internacionais de Catalogação na Publicação (CIP)
Angélica Ilacqua CRB-8/7057

Aboud, Michael

    40 dias de fé e milagres : você pode muito mais do que imagina / Michael Aboud. - São Paulo: Editora Gente, 2025.
    160 p.

ISBN 978-65-5544-611-1

1. Desenvolvimento profissional 2. Fé I. Título

25- 1277
                                         CDD 158.1

Índices para catálogo sistemático:
1. Desenvolvimento pessoal

As citações bíblicas utilizadas neste livro são da versão Almeida Revista e Corrigida e têm como objetivo incentivar a leitura das Sagradas Escrituras.

NOTA DA PUBLISHER

Quantas vezes ouvimos alguém dizer que crê em Deus, mas, na hora da dor ou da crise, parece paralisar completamente? A fé, que deveria ser combustível, vira silêncio. O coração desacredita, e a mente já projeta o pior. Vi, ao longo da minha trajetória, muitas pessoas mergulhadas em boas intenções espirituais, mas sem ferramentas práticas para reagir quando a vida exige mais que religiosidade: exige posicionamento, coragem e profundidade de fé.

Foi exatamente por isso que me chamou tanto a atenção a proposta deste livro. *40 dias de fé e milagres*, de Michael Aboud, não se limita a nos ensinar sobre fé: ele desperta, desafia, confronta e conduz o leitor por uma jornada diária de transformação espiritual e emocional. Ao longo de quarenta dias, somos incentivados a cultivar uma fé ativa, corajosa, capaz de transformar não só circunstâncias externas, mas também a maneira de pensar, sentir e agir.

Michael não fala apenas do que estudou ou ouviu falar. Ele vive essa fé. A autoridade dele nasce do púlpito, sim, mas também da vivência diária com milhares de pessoas que pastoreia, aconselha e impulsiona. Quando conheci esse projeto, reconheci ali a voz de alguém que não romantiza o Evangelho, que o vive com profundidade, paixão e ousadia. Essa maneira simples de comunicar verdades profundas é justamente o que torna este livro tão acessível e ao mesmo tempo tão poderoso.

Se você sente que a sua fé precisa crescer, ser reativada ou se tornar mais prática, esta leitura vai equipar você com verdades bíblicas e orientações concretas. A cada dia, você será desafiado a orar, agir, declarar e caminhar na fé até que se torne impossível voltar ao modo anterior de viver. Eu convido você a embarcar nessa jornada. Durante quarenta dias, permita-se ser transformado por dentro e por fora. A fé que você precisa já está aí – o que falta é despertá-la.

ROSELY BOSCHINI
CEO e Publisher da Editora Gente

APRESENTAÇÃO

Querido leitor,

Escrevi este livro porque quero ver você tendo experiências incríveis e vivendo milagres extraordinários por meio da fé. Passaremos os próximos quarenta dias juntos, e o Espírito Santo será o nosso convidado especial nessa caminhada.

Talvez você esteja se perguntando: *por que quarenta dias?*. O número 40 tem um significado especial, simbólico e muito forte, geralmente associado a períodos de preparação e transformação. Biblicamente, o número 40 é frequentemente ligado a um período de preparação que resulta em transformação e crescimento espiritual.

- **O acontecimento do Dilúvio (Gênesis 7:12).** A chuva que caiu durante o dilúvio durou 40 dias e 40 noites, simbolizando um período de purificação e julgamento.
- **Quando Moisés foi para o Monte Sinai (Êxodo 24:18; 34:28).** Moisés passou 40 dias e 40 noites no Monte Sinai, em jejum e oração, antes de receber as tábuas da Lei de Deus.
- **O tempo dos israelitas no deserto (Números 14:33-34).** Os israelitas passaram 40 anos no deserto como uma forma de purificação e disciplina, uma geração inteira sendo moldada antes de entrar na Terra Prometida.

- **Os espias que foram enviados para Canaã – a Terra Prometida (Números 13:25).** Os espias passaram 40 dias explorando a Terra Prometida e, depois disso, trouxeram um relatório sobre a terra que Deus prometera aos israelitas.
- **Quando Jesus jejuou no deserto (Mateus 4:1-2).** Jesus jejuou por 40 dias e 40 noites no deserto, sendo tentado por Satanás, o que simboliza um período de preparação para o seu ministério público.

Posso dizer que o número 40 é a indicação de um período de preparação para que o cristão viva um grande milagre. É claro que Deus não fica limitado a nenhum tempo, mas existem coisas que precisam acontecer primeiro no seu entendimento, para que em seguida a fé que muda circunstâncias brote no seu coração.

Meu conselho é que você leia um capítulo por dia, de preferência pela manhã, como um devocional, ore a Deus e saia para vencer. Se você puder ter o jejum como seu aliado nesse período, verá o agir de Deus de maneira ainda mais intensa, dia após dia.

Não tenha medo!

Deus está ansioso para abençoá-lo porque, pela sua vitória, Ele será glorificado.

Receba o meu abraço!
Michael Aboud

SUMÁRIO

1º dia: vivendo pela fé 11

2º dia: isto é fé! 15

3º dia: faça a sua fé crescer 18

4º dia: os princípios da fé para alcançar o milagre ... 21

5º dia: a fé nos mostra o caminho 25

6º dia: você tem a natureza divina 30

7º dia: a fé transforma o nosso interior 34

8º dia: o que mata a nossa fé 37

9º dia: a sua vida pode mudar! 41

10º dia: todo novo dia é uma oportunidade! 44

11º dia: como reconhecer as oportunidades da vida ... 47

12º dia: tudo contribuirá para o seu bem 51

13º dia: vida de oração 54

14º dia: a fé sobrenatural 57

15º dia: não desista! 60

16º dia: caminhando na dimensão da fé 64

17º dia: siga em frente! 67

18º dia: volte a dar frutos 71

19º dia: como viver o milagre **74**

20º dia: milagres nascerão a partir de você **78**

21º dia: meditando no que é bom! **83**

22º dia: firmes na Palavra **87**

23º dia: uma mente forte **90**

24º dia: foco no propósito **94**

25º dia: em obediência **97**

26º dia: por que os problemas acontecem? **100**

27º dia: inteligência espiritual **104**

28º dia: você foi criado para algo! **108**

29º dia: guardando a nossa mente **111**

30º dia: a capacidade está dentro de você **114**

31º dia: acredite em você! **118**

32º dia: um Deus de sonhos e visões **122**

33º dia: os tesouros escondidos **126**

34º dia: ore pelas promessas de Deus **130**

35º dia: um abençoador da esperança alheia **134**

36º dia: quem é você? **138**

37º dia: rompendo pela fé **142**

38º dia: a decisão é sua! **145**

39º dia: fé é acreditar! **148**

40º dia: onde está a sua fé? **151**

O **PODER** de mudar a sua história está nas **SUAS MÃOS**.

1º DIA

VIVENDO PELA FÉ

"Porque andamos por fé e não por vista."
2 CORÍNTIOS 5:7

O Apóstolo Paulo foi um homem admirável, que viveu grandes experiências com o Senhor Jesus. Sob a direção do Espírito Santo, tornou-se uma grande influência para a Igreja e os cristãos, deixando-nos um precioso conselho: deveríamos ser transformados através da renovação da nossa mente para, aí sim, experimentarmos a boa, agradável e perfeita vontade de Deus.

> "E não vos conformeis com este mundo, mas transformai-vos pela renovação do vosso entendimento, para que experimenteis qual seja a boa, agradável e perfeita vontade de Deus." ROMANOS 12:2

Paulo nos ensinou que não devemos nos conformar com este mundo; devemos buscar constantemente a renovação da nossa mente, pois será através de uma mente transformada pelas verdades bíblicas que conseguiremos mudar a nossa vida. A razão disso é que o nosso maior inimigo é a nossa mente – maior até mesmo que Satanás. Às vezes, atribuímos a ele a autoria dos nossos fracassos, mas, na maioria dos casos, a nossa resistência mental é o que verdadeiramente nos faz tropeçar e retroceder.

Para um cristão, é perigoso ter a mente engessada e cauterizada. O processo da cauterização acontece quando algo bastante quente sela uma hemorragia, deixando uma marca profunda. E assim é a mente cauterizada: ela nunca se renova nem se permite enxergar pelo olhar da fé. Uma mente cauterizada é altamente conformada, nos faz trocar as verdades bíblicas por qualquer outra mentira e nos torna tolerantes às falta de fé e ao pecado. Jesus fala sobre isso no livro de Apocalipse:

> "Eu sei as tuas obras, que nem és frio nem quente. Tomara que foras frio ou quente! Assim, porque és morno e não és frio nem quente, vomitar-te-ei da minha boca." APOCALIPSE 3:15-16

Devemos abrir os nossos olhos espirituais. Um exemplo muito prático é a quantidade de famílias cristãs que tiveram filhos nascidos e criados dentro da igreja, ensinados à luz da Palavra de Deus, mas que, ao iniciarem a adolescência, decidiram que não frequentariam mais a comunhão da igreja e se distanciaram dia após dia do relacionamento com Ele. Muitos pais observam isso e justificam que não querem forçar os filhos a nada, porque isso os repeliria ainda mais. Esses pais estão com a mente conformada com a situação e não conseguem contemplar, pela fé, uma saída.

Além disso, toda mente cauterizada tem medo de mudanças, então nem se esforça para alcançá-la. Percebendo que o casamento vai mal, esse tipo de pessoa espera que Deus faça algo, mas, por si só, não consegue agir. O mesmo acontece em relação às finanças, à família e à saúde. Muitos deixaram de reagir e são extremamente passivos, mesmo sabendo que o nosso Senhor Jesus sempre apoiará aqueles que estão dispostos a pagar o preço necessário para ver a mudança acontecer. Deus faz aliança com quem tem e demonstra atitude e vive inspirado pela fé.

Quem tem a mente cauterizada também não consegue sonhar. Imagine Moisés, bastante velho, tendo que reunir dois milhões de pessoas e motivar todas a saírem do Egito e passarem pelo grande desafio de atravessar o Mar Vermelho. Ele precisava, mesmo com a idade avançada, ser um sonhador e estar sempre muito motivado, apesar de já ter vivido muito. Hoje eu pergunto: quais são os seus sonhos particulares? E os familiares? E os profissionais e ministeriais? Se não existem projetos na nossa vida, devemos clamar para que Deus renove a nossa mente, além de nos esforçar para mudar.

Então, afinal, o que é ter uma mente renovada? O que é preciso fazer para tê-la? A primeira característica é crer que podemos transformar qualquer circunstância. Ter uma mente renovada é crer que podemos, sim, mudar qualquer situação. Nós podemos todas as coisas em Cristo Jesus, que nos fortalece.

Jacó é um exemplo de mente renovada. Ele era um enganador que enrolou o pai e os irmãos. Já velho e cansado de ser perseguido por conta do seu mau caráter, lutou com Deus para que esse histórico de homem problemático fosse apagado. Então um novo Jacó surgiu, sendo, a partir daquele momento, um homem honrado e valoroso. Jacó não desistiu até ser abençoado por Deus e alcançar o que desejava: tornar-se um príncipe dEle.

VIVENDO PELA FÉ

Você pode mudar a sua realidade! Jejue como nunca, ore como jamais orou, creia além das suas forças, aja dentro dos princípios da Bíblia e colha os resultados. O poder de mudar a sua história está nas suas mãos. Quem tem uma mente renovada é desejoso de novidades e sabe que a vida pode ser melhor do que tem sido. Todos nós podemos nos tornar melhores do que temos sido. Aqueles que lutam contra si mesmos para adquirir uma mente renovada recebem como recompensa conhecer o que é a boa, perfeita e agradável vontade de Deus, então são enriquecidos pelas bênçãos dEle.

Não se conforme com nenhuma desculpa. Declare o que Deus ainda fará e não permita mais que a sua mente determine o que você pode ou não pode fazer e receber.

> Não importa quão extraordinário é o
> MILAGRE que você tem esperado, porque,
> PELA FÉ, você poderá ALCANÇÁ-LO.

2º DIA

ISTO É FÉ!

> "Ora, a fé é o firme fundamento das coisas que se esperam e a prova das coisas que se não veem."
>
> HEBREUS 11:1

Nenhuma pessoa conseguirá viver a plenitude da vida cristã sem fé. A fé que precisa brotar em nós é como uma certeza, uma forte convicção de algo que ainda não enxergamos com os olhos naturais. É a convicção de um fato e a certeza de algo que estamos esperando. Talvez já tenhamos lido várias vezes o versículo que abriu este dia, o qual devemos ter como uma realidade, e a partir dele podemos entender que a fé é também a prova real desse acontecimento que tanto esperamos.

Com Hebreus 11 aprendemos que ter uma promessa é saber reconhecê-la claramente, contando que a fé nos levará a esse encontro. Em contrapartida, podemos morrer e levar conosco todas as promessas que acreditamos ter, sem nunca tê-las alcançado. Um dos motivos que nos impedem de realizar isso tem a ver com a religiosidade, que faz a fé pura, a fé de criança, ir embora. A religiosidade nos torna céticos, e o tempo nos faz ter medo de perder a nossa reputação.

Além de fazer uma pequena introdução sobre fé, o livro de Hebreus cita grandes homens e mulheres que alcançaram maravilhas ao operá-la.

"Os quais, pela fé, venceram reinos, praticaram a justiça, alcançaram promessas, fecharam as bocas dos leões, apagaram a força do fogo, escaparam do fio da espada, da fraqueza tiraram forças, na batalha se esforçaram, puseram em fugida os exércitos dos estranhos. As mulheres receberam, pela ressurreição, os seus mortos; uns foram torturados, não aceitando o seu livramento, para alcançarem uma melhor ressurreição." HEBREUS 11:33-35

Os homens mencionados em Hebreus 11 enfrentaram lutas, não tinham dinheiro, passaram fome, viviam maltrapilhos e alguns até morreram, mas o mundo não era digno deles, porque eles eram cheios de fé. Eles foram maltratados, afligidos, zombados e humilhados. Foram pessoas que tiveram sérios problemas e experimentaram o amargo sabor do fracasso, mas que, apesar das adversidades, dos grandes problemas e das cansativas lutas, não perderam a fé. Então o que os impediu de viver a realização das próprias promessas? Faltava-lhes Jesus.

"E todos estes, tendo tido testemunho pela fé, não alcançaram a promessa." HEBREUS 11:39

16 40 DIAS DE FÉ E MILAGRES

Essa é a vantagem que temos hoje. Através de Cristo em nós, podemos experimentar grandes experiências. Os heróis descritos na galeria da fé do livro de Hebreus tiveram um excelente testemunho por meio da fé, porém não viveram a concretização das promessas, porque Jesus Cristo não veio para o tempo deles – mas Ele é para nós, para os nossos dias. Eles fecharam a boca de leões, extinguiram a violência do fogo, expulsaram exércitos estrangeiros, mas não viveram a concretização da promessa que é Jesus. Mas nós O temos, e sobre nós está a promessa de que faremos obras maiores do que as realizadas por Ele:

"Na verdade, na verdade vos digo que aquele que crê em mim também fará as obras que eu faço e as fará maiores do que estas, porque eu vou para meu Pai." JO 14:12

Por isso, não importa quão extraordinariamente grande é o milagre que temos esperado, porque, pela fé, poderemos alcançá-lo. Jamais devemos nos esquecer de que Cristo está sentado à direita de Deus porque venceu o Diabo, venceu o Inferno, enfrentou as trevas e aniquilou a morte. E, por causa dEle, podemos alcançar qualquer coisa pela fé.

Jesus é a certeza da nossa vitória! Ele nos prometeu a eternidade e quer nos permitir viver grandes aventuras e conquistas aqui também.

> Quando estamos CHEIOS DE FÉ, não nos cansamos de ESPERAR.

3º DIA

FAÇA A SUA FÉ CRESCER

> "... Eu dei a cada um uma medida de fé."
> ROMANOS 12:3

Você já tem dentro de si uma quantidade de fé, mas reconhece que ela precisa ser maior para que você alcance os projetos que tem idealizado? A nossa fé precisa ser constantemente aumentada, pois para cada projeto maior é exigida de nós uma porção também maior de fé.

Veja o exemplo de Pedro. Ele estava no barco com Jesus e os outros discípulos; era noite, e o mar estava muito agitado, com tamanha força que era possível que o barco quebrasse ao meio. Sabemos que Jesus caminhava tranquilamente sobre as águas e chamou Pedro para estar com Ele: "Venha, Pedro!". Obviamente, Pedro precisou pensar a respeito desse convite, que nada tinha de simples.

Era noite, o mar estava agitadíssimo, e fisicamente é impossível caminharmos sobre a água, mas Pedro decidiu ter uma atitude de fé. Ele tirou os dois pés do barco, lançou-se sobre as águas e caminhou. Porém, quando a razão começou a imperar, ele afundou e teve de ser amparado por Jesus, que o classificou como alguém de pouca fé. Entenda que Pedro não emocionalizou aquele momento, pois agiu com decisão e caminhou para vivenciar aquela experiência sobrenatural.

Você percebe? Ele caminhou, ou seja, precisou tomar uma decisão e se mover. Porém, muitas vezes, a fé faz com que permaneçamos esperando, porque ela nos dá a certeza de que o momento da concretização chegará. Quando estamos cheios de fé, não nos cansamos de esperar, e a certeza é latente dentro de nós. Mesmo assim, a fé não impede que sintamos que as coisas não vão bem ou que a dor não tem diminuído. Ela nos faz descansar e sentir, dia após dia, o milagre chegando mais perto. Isso é fé!

A fé nos faz viver "as certezas". Pense nisto: um fato é uma coisa muito real, certo? Existe até um ditado que fala que contra fatos não há argumentos. A fé é a certeza de um fato que ainda não foi visto, mas que sabemos que acontecerá, e contra essa realização não há argumentos. Ter fé é trazer à existência aquilo que ainda não existe, porque, na realidade, a concretização dessa espera é certa. O seu milagre já é um fato, porque já é real, apenas ainda não foi contemplado por você.

Dentro das igrejas, falamos sobre fé o tempo todo, mas sempre encontramos pessoas que estão em crise; que, apesar de ouvirem as mensagens e entendê-las, não têm fé suficiente para crer no impossível. Elas até acreditam ter fé para alcançar o milagre, mas, pela demora dessa concretização, entram em crise. Então, inicia-se um ciclo de perder um milagre atrás de outro, e elas começam a viver uma vida natural, como qualquer pessoa. Jesus não pagou um alto preço para que vivamos uma vida natural, e sim para que vivamos uma vida de fé que produz vitória. Foi para isso que fomos salvos. E como é preciosa a fé que o Senhor Jesus nos deu!

FAÇA A SUA FÉ CRESCER

Vejamos um exemplo que pode esclarecer melhor o que é a fé. Imagine passar, às 5h30 da manhã, por uma avenida deserta e encontrar uma senhora sozinha, sentada tranquilamente em um ponto de ônibus. Você pergunta: "Minha senhora, está chovendo, está frio e ainda é madrugada. O que a senhora está fazendo aí?". Ela diz: "Eu sempre pego esse ônibus para ir até a cidade vizinha. Vou lá visitar meus netos e meu filho".

Ainda se preocupando com ela, você questiona: "Mas é muito cedo e perigoso, não passa ninguém na rua. Não seria melhor esperar o ônibus em outro horário?". Eis a resposta dela: "Não tem perigo! Agora são 5h30, daqui a dez minutos o ônibus vai virar ali na esquina e me pegar aqui".

E ela continua tranquilamente sentada, porque tem certeza de uma coisa que está esperando. Isso é fé.

> "Porque nele se descobre a justiça de Deus de fé em fé, como está escrito: Mas o justo viverá da fé." ROMANOS 1:17

Talvez em algum momento você tenha pensado que fé era algo espiritual, que nos faz arrepiar, que para tê-la é preciso falar em línguas estranhas, mas a Bíblia diz que fé é a certeza de uma coisa que estamos esperando. Fé não é sentir, não é chorar – é continuar orando e dizendo: "Deus, eu creio, pela fé, que o Senhor já criou o meu emprego. Neste momento, estou desempregado, mas eu Lhe sirvo e continuarei fiel ao Senhor. Eu creio e me vejo entrando pela nova porta que o Senhor abrirá".

Use a sua fé como a certeza de algo que você está esperando.

É somente quando AGIMOS que os OBSTÁCULOS são SUPERADOS.

4º DIA

OS PRINCÍPIOS DA FÉ PARA ALCANÇAR O MILAGRE

"Sabendo que a prova da vossa fé produz a paciência."

TIAGO 1:3

Um dos maiores atos de fé da Bíblia foi ilustrado pela mulher que convivia com um fluxo de sangue havia doze anos:

> "E certa mulher, que havia doze anos tinha um fluxo de sangue, e que havia padecido muito com muitos médicos, e despendido tudo quanto tinha, nada lhe aproveitando isso, antes indo a pior, ouvindo falar de Jesus, veio por detrás, entre a multidão, e tocou na sua vestimenta. Porque dizia: Se tão somente tocar nas suas vestes, sararei. E logo se lhe secou a fonte do seu sangue, e sentiu no seu corpo estar já curada daquele mal.

> E logo Jesus, conhecendo que a virtude de si mesmo saíra, voltou-se para a multidão e disse: Quem tocou nas minhas vestes? E disseram-lhe os seus discípulos: Vês que a multidão te aperta, e dizes: Quem me tocou? E ele olhava em redor, para ver a que isso fizera. Então, a mulher, que sabia o que lhe tinha acontecido, temendo e tremendo, aproximou-se, e prostrou-se diante dele, e disse-lhe toda a verdade. E ele lhe disse: Filha, a tua fé te salvou; vai em paz e sê curada deste teu mal." MARCOS 5:25-34

Com base nas atitudes dessa mulher, é possível destrincharmos esse versículo e encontrarmos nele quatro princípios fundamentais que devem ser empregados no momento em que estivermos prestes a usar a nossa fé:

1. Ouvir.

Sabemos que a fé vem pelo ouvir da Palavra de Deus. Portanto, se não a ouvirmos, lermos e estivermos em contato com ela, não haverá fé. Ela não faz parte do mundo natural, é algo espiritual; então, se não tivermos contato com a Palavra de Deus, nunca conquistaremos a fé. Porém, quando a ouvimos, é gerada em nós uma certeza de que também podemos conquistar. É pelo ouvir que tomamos a decisão de crer que Deus pode fazer qualquer coisa na nossa vida. A mulher do fluxo de sangue começou a escutar os milagres que Jesus estava operando, então a fé para a cura dela foi gerada.

2. Visualizar.

Quando ouvimos a Palavra de Deus e decidimos crer, são geradas dentro nós imagens do milagre que esperamos. Se não mudarmos os quadros que existem na nossa mente, nunca alcançaremos algo por meio da fé, porque as doenças, os problemas financeiros, as dificuldades conjugais e as crises criam na nossa mente imagens de derrota, de destruição e fracasso. Aos 17 anos, eu sonhava em ter um carro, um Opala vermelho. Era o meu maior sonho, e, movido pela fé, eu o desenhei e pintei em uma folha de papel com todos os detalhes possíveis. Eu me recordo de sempre olhar aquele desenho e me imaginar andando com o Opala pelas ruas, chegando em casa e o estacionando na garagem.

Certo dia, estava em casa com a minha família quando o meu avô chegou declarando que tinha uma surpresa muito especial para um dos netos. Obviamente, o meu irmão mais velho achou que seria algo para ele, já que era o primogênito, mas, para a surpresa de todos, ele se dirigiu a mim e disse que havia comprado um carro para me presentear. Era um Opala vermelho, igualzinho ao do meu desenho. Todos ficaram admirados, porque eu era o terceiro filho dos meus pais e nem tinha idade para dirigir, mas naquele momento Deus falou ao meu coração que, por eu ter visualizado e acreditado na realização daquele milagre, Ele havia se alegrado comigo e decidido me presentear. O mais engraçado dessa história foi que precisei esperar um ano até completar 18, poder tirar a habilitação e dirigir o tão desejado Opala.

Visualizar é uma das pontes que nos liga ao milagre. Precisamos ver o milagre, porque a visualização dele é o princípio para usufruirmos da conquista. Visualizar é enxergar de maneira clara.

3. Declarar.

A mulher do fluxo de sangue dizia que se apenas tocasse no manto de Cristo já seria curada. Ela começou a confessar, a dizer para si mesma que seria curada. Declarar é um dos caminhos que a nossa fé precisa percorrer para trazer o milagre à existência. Se você tem a postura de declarar o milagre, é porque o seu coração está cheio de fé, afinal a nossa boca fala daquilo que o nosso coração está cheio.

4. Agir.

Existem muitos obstáculos que tentam nos impedir de alcançar o milagre. Aquela mulher teve que se arriscar, enfrentar a cultura da época e atravessar uma multidão para chegar até Jesus. É somente quando agimos que os obstáculos são superados, por isso temos que enfrentá-los, vencê-los e demonstrar que com fé tudo é possível, porque quando agimos rompemos com as tradições que nos prendem ao comodismo, deixamos de lado as crendices pessoais e populares e não nos preocupamos com as críticas, porque elas já não nos afetam, e muito menos nos importamos com o que os outros pensarão ou dirão. O importante é agir na ousadia, crendo que será com atitudes motivadas pela fé que conseguiremos obter o grande milagre.

Por isso, tome cuidado com o que você ouve, foque a sua visão no que é correto e que produz vida, vigie as suas palavras e, pela fé, movimente-se.

É pela FÉ que nos tornamos FIÉIS A DEUS.

5º DIA

A FÉ NOS MOSTRA O CAMINHO

> "E Jesus disse-lhe: Se tu podes crer; tudo é possível ao que crê."
>
> MARCOS 9:23

No livro de Hebreus, lemos sobre Moisés:

"Pela fé, Moisés, já nascido, foi escondido três meses por seus pais, porque viram que era um menino formoso; e não temeram o mandamento do rei." HEBREUS 11:23

Quando Moisés nasceu, havia um decreto de que todos os meninos hebreus deveriam ser mortos, então a mãe conseguiu escondê-lo por três meses, mas depois ficou impossível continuar mantendo-o em segredo. Ela o colocou em uma cesta de junco e o lançou no Rio Nilo. No curso do rio, muito à frente, estava a filha de Faraó se refrescando naquelas águas, e ela salvou Moisés. Enquanto

25

ele navegava no cesto pelas águas, a irmã o acompanhava às margens. No momento em que ele foi retirado das águas, ela se aproximou da filha de Faraó e propôs que o menino fosse levado para uma ama de leite, que na verdade era a mãe de Moisés, e ela poderia, dessa maneira, continuar amamentando-o, mesmo agora ele sendo considerado neto de Faraó.

Moisés cresceu com a filha de Faraó, porém esteve sempre muito próximo da mãe biológica, que o ensinava sobre o único e verdadeiro Deus. Com isso, a fé de Moisés crescia através das histórias que a mãe lhe contava.

Fomos salvos para vivermos pela fé e sermos cheios de experiências sobrenaturais. Não fomos chamados para viver na mesmice e na acomodação, e sim para usar a fé e alcançar coisas grandes. É por meio dela que tudo pode ser transformado. É pela fé que nos tornamos fiéis a Deus.

> "Pela fé, Moisés, sendo já grande, recusou ser chamado filho da filha de Faraó, escolhendo, antes, ser maltratado com o povo de Deus do que, por um pouco de tempo, ter o gozo do pecado." HEBREUS 11:24-25

Foi pela fé que Moisés teve coragem de recusar o trono de Faraó, abrindo mão de tesouros, do palácio e de muitos servos para viver com os escravos. Foi pela fé que ele rejeitou o pecado, as facilidades do mundo e tudo que ia contra os princípios de Deus. Rejeite você também tudo que desagrada ao Senhor, tudo aquilo que seja contrário aos princípios dEle, e mantenha-se firme na fé, até que o Jeová Jireh, o Deus que provê, manifeste-se no meio da sua fidelidade.

Moisés preferiu passar pelas dificuldades e pelos problemas com Deus a aproveitar os tesouros do Egito, porque ele sabia qual seria a recompensa:

> "Tendo, por maiores riquezas, o vitupério de Cristo do que os tesouros do Egito; porque tinha em vista a recompensa." **HEBREUS 11:26**

Não troque a sua fé por nenhuma facilidade, porque o fim do pecado é sempre a morte. Aqueles que são fiéis terão a recompensa de Cristo nesta terra e no mundo vindouro. Moisés deixou os prazeres do Egito e optou pelas dificuldades e pelos problemas com o povo de Israel porque sabia que os tempos difíceis eram passageiros e que era certa a vitória que Deus traria. Será pela fé que venceremos o mundo, as adversidades e tudo que nos afasta do Senhor. Creia nisso!

Foi pela fé que Moisés teve os olhos espirituais abertos e pôde abandonar o medo:

> "Pela fé, deixou o Egito, não temendo a ira do rei; porque ficou firme, como vendo o invisível." **HEBREUS 11:27**

As pessoas observavam as atitudes de Moisés e o consideravam louco. Por isso, não devemos nos preocupar se algumas pessoas nos compararem a loucos ou fanáticos, pois elas não viram ainda o que nós já enxergamos. Alguns até tentarão nos impedir de lutar contra o gigante, por julgarem que ele é muito maior e mais forte que nós, porém, na verdade, eles não estão enxergando o tamanho daquele que está indo à nossa frente nessa luta. Será a fé que nos levará a ver o invisível!

A FÉ NOS MOSTRA O CAMINHO

A obediência também está relacionada com a fé. As pessoas não obedecem a Deus porque não creem nEle. Mas Moisés fez diferente:

> "Pela fé, celebrou a Páscoa e a aspersão do sangue, para que o destruidor dos primogênitos lhes não tocasse." HEBREUS 11:28

Deus orientou a Moisés que todo povo israelita deveria matar um cordeiro e aspergir com o sangue a porta de todas as casas dos hebreus, porque, naquela noite, o anjo destruidor dos primogênitos passaria pela região, entraria nas casas que não estivessem marcadas e realizaria a ação para a qual fora enviado. Moisés acreditou e, consequentemente, obedeceu.

Pense neste episódio: você fica sabendo que a morte está vindo na sua direção e que pode impedi-la com uma mancha de sangue na sua porta. Você creria e obedeceria, agindo conforme a orientação de Deus? Naamã foi orientado a mergulhar sete vezes no Rio Jordão para se ver livre da lepra, e só obedeceu porque creu na direção de Deus, pois obviamente, sem os olhos da fé e racionalizando a situação, essa estratégia não o curaria. E a viúva que fez um bolo para o profeta com os últimos ingredientes que tinha, sabendo que não teria mais nada com que se alimentar? Ela só entregou essa oferta porque creu em Deus.

A fé faz com que creiamos no incrível, que obedeçamos a Deus. É ela que nos leva a conquistar os milagres. É pela fé que criamos o sobrenatural e ainda trazemos vitória à nossa vida.

28   40 DIAS DE FÉ E MILAGRES

"Jesus, porém, respondendo, disse-lhes: Em verdade vos digo que, se tiverdes fé e não duvidardes, não só fareis o que foi feito à figueira, mas até, se a este monte disserdes: Ergue-te e precipita-te no mar, assim será feito." MATEUS 21:21

Desenvolva a sua fé e a torne forte. É para isso que as adversidades servem, para fortalecer a nossa fé e promover novas e maiores experiências com Deus.

A FÉ NOS MOSTRA O CAMINHO

Temos dentro de nós todo PODER e POTENCIAL de um Deus que nos CHAMA DE FILHOS.

6º DIA

VOCÊ TEM A NATUREZA DIVINA

"Vós sois a luz do mundo; não se pode esconder uma cidade edificada sobre um monte; nem se acende a candeia e se coloca debaixo do alqueire, mas, no velador, e dá luz a todos que estão na casa. Assim resplandeça a vossa luz diante dos homens, para que vejam as vossas boas obras e glorifiquem o vosso Pai, que está nos céus."

MATEUS 5:14-16

Quando Deus apareceu para Moisés e o chamou para ir ao Egito falar com Faraó a fim de tirar o povo da escravidão, Moisés Lhe perguntou: "Quem sou eu?". Naquele momento, Deus estava trazendo algo grande para ele. Moisés tinha passado os últimos quarenta anos apascentando ovelhas depois de ter fugido do Egito, onde fora criado pela filha de Faraó e era tratado como um nobre. Ele não entendeu a direção de Deus.

Como Moisés, muitos de nós vivemos uma crise de identidade, não sabemos quem somos de fato nem porque fazemos o que estamos fazendo. Desconhecemos nosso potencial e, por isso, vivemos uma vida fracassada e frustrada.

Deus respondeu a Moisés:

> "E disse Deus a Moisés: Eu sou o que sou. Disse mais: Assim dirás aos filhos de Israel: Eu sou me enviou a vós." ÊXODO 3:14

Não somos Deus, mas temos todo o potencial de um Deus trino dentro de nós. Isso significa que a nossa identidade é divina. Pare de pensar que você é um "Zé Ninguém" e que nunca fará nada importante e significativo na vida. Você tem a natureza de um Deus, pois dentro de você existem a força e o poder de um Deus. Temos dentro de nós todo o poder e potencial de um Deus que nos chama de filhos.

> "Contudo, pouco menor o fizeste do que os anjos e de glória e de honra o coroaste." SALMOS 8:5

Temos a natureza divina, o poder e a autoridade de um Deus dentro de nós, e podemos fazer o que Ele faz, e até coisas maiores, quando andamos em santidade e concordância. É isto que a Palavra dEle nos assegura:

> "Jesus respondeu e disse-lhe: Se alguém me ama, guardará a minha palavra, e meu Pai o amará, e viremos para ele e faremos nele morada." JOÃO 14:23

VOCÊ TEM A NATUREZA DIVINA **31**

Aquilo que Deus é está guardado dentro de nós. Jesus disse que nós somos a luz desse mundo, como Ele é. Aonde Jesus chega, a luz Dele brilha, e as trevas precisam sair. Da mesma maneira, aonde chegarmos, a luz de Cristo também chegará, e as trevas terão que sair. Temos uma natureza divina – e tudo é possível para o Deus que habita dentro de nós.

Você pode muito mais do que imagina: pode mudar a realidade espiritual do lugar em que estiver e realizar qualquer coisa que desejar, porque existe todo o poder e a força de um Deus vivendo dentro de você.

> "Na verdade, na verdade vos digo que aquele que crê em mim também fará as obras que eu faço e as fará maiores do que estas, porque eu vou para meu Pai. E tudo quanto pedirdes em meu nome, eu o farei, para que o Pai seja glorificado no Filho. Se pedirdes alguma coisa em meu nome, eu o farei." JOÃO 14:12-14

Que privilégio tão grande é ter conosco a presença e o poder do Espírito de Deus. Ter uma Pessoa divina habitando em nós, alguém que é capaz e está disposto a nos ajudar, é o grande recurso na nossa caminhada cristã.

Precisamos reconhecer o nosso potencial e saber que Deus nos concedeu força e poder para realizarmos as nossas conquistas. Devemos aproveitar que o Espírito Santo se move através da nossa vida e nos envolver radicalmente para, juntos, avançarmos muito mais longe.

O nosso Deus é capaz de realizar "tudo muito mais abundantemente além daquilo que pedimos ou pensamos" e que isso acontece "segundo o poder que em nós opera" (Efésios 3:20). Portanto, você é tudo aquilo que o seu Deus diz que é. Não se desmereça nem pense menos do que isso, porque você carrega dentro de si o próprio Cristo, e Ele combaterá com você as suas lutas e sairá ao seu lado, todos os dias, para conquistar.

A PAZ e a TRANQUILIDADE são os sinais de que você está empregando a sua fé e que ela TEM DADO RESULTADO.

7º DIA

A FÉ TRANSFORMA O NOSSO INTERIOR

"Quem crê em mim, como diz a Escritura, rios de água viva correrão do seu ventre."

JOÃO 7:38

Quando pedimos com fé, os primeiros sintomas que surgem em nós são a paz e a tranquilidade. O mundo pode estar acabando e o telhado caindo sobre nossa cabeça, mas diremos: "O meu Deus já despachou do Céu, e a porta do meu emprego será definitivamente aberta!". Quando temos fé, problema algum é impossível, pois tudo o Senhor é capaz de fazer. E a paz e a tranquilidade são os sinais de que estamos empregando bem a nossa fé e de que ela tem dado resultado.

Se estamos ansiosos, angustiados e aflitos, é porque não temos nos movido por fé. Então, o que fazer? Pedir perdão por não ter fé suficiente, se esforçar para aumentá-la e começar a agir de novo. O primeiro sentimento que surge na certeza é a tranquilidade. As pessoas oram e acham que Deus já fez por aquilo que estão sentindo, mas essa fé é emocional e não nos leva a lugar algum. Essa é a fé que não age, que não funciona, que não traz o milagre à existência nem faz Deus se mover ao nosso favor.

A fé que produz resultados é aquela que faz com que os nossos olhos, carregados de convicção, enxerguem o que não existe de maneira racional e lógica.

> "E disse o Senhor a Abrão, depois que Ló se apartou dele: Levanta, agora, os teus olhos e olha desde o lugar onde estás, para a banda do norte, e do sul, e do oriente, e do ocidente; porque toda esta terra que vês te hei de dar a ti e à tua semente, para sempre." GÊNESIS 13:14-15

Como alcançarmos a fé no sobrenatural? Como crer na cura se, de fato, ainda continuamos doentes? Este é o segredo: a vista é a habilidade dos olhos, e a visão é a capacidade do coração. A fé é a habilidade de ter uma visão do que ainda não aconteceu, mas que sabemos que está próximo de se tornar realidade.

A visão serve para nos capacitar para ver o futuro de uma maneira tão clara que se tornará um fato. Por isso, só tem fé quem tem visão! Para entender mais sobre a fé, é preciso saber que existem dois tipos: a ativa e a passiva.

A fé passiva faz com que a pessoa ore e se lance com coragem, porém o restante fica por conta da espera. Muitos exemplos da Bíblia confirmam isso: homens que pagaram um preço em oração, esperaram em Deus e foram atendidos, mas não fizeram nada de concreto para receber. Na fé passiva, nós pedimos, e Deus traz à existência.

A FÉ TRANSFORMA O NOSSO INTERIOR

> "Eu, porém, esperarei no Senhor; esperei no Deus da minha salvação: o meu Deus me ouvirá." MIQUÉIAS 7:7

Já a fé ativa é aquela que faz com que nos joguemos. Cremos tanto, que nos lançamos dentro do milagre. Foi o que aconteceu com o apóstolo Pedro. No meio da tempestade, ele quis caminhar com o Senhor Jesus. Se não desse certo, o que ele perderia? A própria vida! Na fé ativa, nós participamos do milagre.

> "E respondeu-lhe Pedro e disse: Senhor, se és tu, manda-me ir ter contigo por cima das águas. E ele disse: Vem. E Pedro, descendo do barco, andou sobre as águas para ir ter com Jesus." MATEUS 14:28-29

A fé não serve somente na doença e nos momentos de desespero. Ela é o poder de Deus na vida de um homem para conquistar as menores, as pequenas e também as imensas coisas, as jamais imaginadas. Ela é uma arma muito poderosa que o Senhor colocou na nossa vida e, se usada com inteligência, pode mudar qualquer história.

Experimente tanto a fé passiva quanto a ativa e você será levado a um novo nível de conquistas!

É seu direito NEUTRALIZAR tudo QUE SEJA CONTRÁRIO à sua fé.

8º DIA

O QUE MATA A NOSSA FÉ

> "Porque a Escritura diz: Todo aquele que nele crer não será confundido."
>
> ROMANOS 10:11

Lázaro era um grande amigo de Jesus, irmão de Marta e de Maria. Quando ele adoeceu gravemente, as irmãs mandaram chamar Jesus, porque acreditavam que Ele poderia fazer algo. Porém, o Senhor demorou muito para atender ao chamado das duas irmãs e, quando chegou, deparou-se com a morte do amigo. Mas Jesus conhecia a gravidade do problema:

> "Assim falou e, depois, disse-lhes: Lázaro, o nosso amigo, dorme, mas vou despertá-lo do sono. Disseram, pois, os seus discípulos: Senhor, se dorme, estará salvo. Mas Jesus dizia isso da sua morte; eles, porém, cuidavam que falava do repouso do sono." JOÃO 11: 11-13

37

Existem circunstâncias e situações que matam a nossa fé. Jesus disse claramente que Lázaro havia morrido e considerou ser muito bom que os discípulos não estivessem lá, porque isso roubaria e mataria a fé deles. Porém, os convidou para irem com Ele despertá-lo, presenciando o grande milagre que estava prestes a acontecer.

Há muitas situações que são propícias para abalar a nossa fé:

1. Quando damos valor às vozes do mundo.

Todos os dias somos bombardeados por notícias ruins e pessoas que roubam a nossa fé. Não podemos permitir que entre nos nossos ouvidos algo que possa nos abalar espiritualmente. Toda palavra lançada na nossa vida ou é uma seta do Inferno ou uma profecia vinda dos Céus, e é nosso direito neutralizar tudo que seja contrário à nossa fé.

> "Não peço que os tires do mundo, mas que os livres do mal. Não são do mundo, como eu do mundo não sou. Santifica-os na verdade; a tua palavra é a verdade." JOÃO 17:15-17

Outra situação que elimina a fé de qualquer pessoa é a raiz de amargura. Pessoas que carregam esse tipo de sentimento sentem prazer em disseminar sentimentos ruins. Temos de proteger a nossa fé e o nosso coração, tendo discernimento para bloquear aquilo que não nos acrescentará nada. Palavras ruins matam a nossa fé. O próprio Senhor sentiu-se feliz por saber que os discípulos não tinham vivido aquele clima ruim da morte de Lázaro nem ouvido os falatórios. Pessoas com o coração enfermo são como agentes trabalhando para matar a nossa fé e destruir tudo aquilo que temos lutado para edificar. Toda palavra que não vem da parte do Senhor deve ser rejeitada.

2. Palavras que nós mesmos falamos.

A Bíblia diz que da nossa boca saem palavras que geram vida ou morte.

> "A morte e a vida estão no poder da língua; e aquele que a ama comerá do seu fruto." PROVÉRBIOS 18:21

As palavras são como sementes: quando semeadas, terão que, cedo ou tarde, germinar. Veja estes exemplos:

- Isso não dará certo!
- Não tenho dinheiro para nada!
- Sou inútil!
- Ninguém gosta de mim!

Não admita, nem de brincadeira, palavras ruins lançadas sobre a sua vida e a sua casa. A sua boca deve ser uma fonte de onde só brotará vida. Deus nos deu autoridade para liberar palavras de bênçãos, palavras proféticas que vão se cumprir. Devemos aproveitar essa oportunidade e semear palavras de riqueza e abundância.

3. Permitir que as situações difíceis encham o nosso coração.

Somos fruto do que ouvimos, falamos e vemos. Quando permitimos que situações difíceis tomem conta do nosso coração, estagnamos na fase do "quase": quase aconteceu, quase compramos, quase realizamos, ou seja, nunca enxergamos a concretização da promessa.

A maior estupidez de um pessimista é lançar sobre si – e, muitas vezes, sobre as pessoas que ama – decretos de morte e de fracasso. Essas pessoas precisam afirmar a própria falta de fé e, se possível, declarar algo negativo sobre os que os cercam. Portanto, não jogue palavras ao vento, e sim lance decretos de vitória sobre você, sobre a sua casa e sobre o reino de Deus.

Vejamos um exemplo de pessimismo na Bíblia – o de Tomé, ao saber da morte de Lázaro:

> "Disse, pois, Tomé, chamado Dídimo, aos condiscípulos: Vamos nós também, para morrermos com ele." JOÃO 11:16

Quando Jesus chegou com os discípulos para encontrar Lázaro, declarou que estava ali para ressuscitá-lo:

> "Assim falou e, depois, disse-lhes: Lázaro, o nosso amigo, dorme, mas vou despertá-lo do sono." JOÃO 11:11

Ainda que aquilo que você tanto espera já tenha morrido, se crer, viverá. Visualize o milagre, e não o fracasso e a tragédia. Pela fé, lance palavras de bênçãos e de novos começos.

A fé que produz VIDA nascerá DENTRO DE VOCÊ e guiará a sua vida.

9º DIA

A SUA VIDA PODE MUDAR!

"Quem é que vence o mundo, senão aquele que crê que Jesus é o Filho de Deus?"

1 JOÃO 5:5

Você está sob qual influência? Quem é o maior influenciador da sua fé? Algumas pessoas vivem aliançadas com amigos murmuradores e caluniadores – e, por conta disso, o coração delas tem adoecido, assim como a fé delas tem sido morta. Muitos até gostariam de mudar as circunstâncias, mas nenhuma fé se manifesta em um ambiente como esse. Outros estão sob influência da televisão e da internet, vivem condicionados aos noticiários, a fake news, seriados e novelas, e isso tem feito o coração deles adoecer e se entristecer.

Se decidimos viver sob a influência da Palavra de Deus, de homens de fé e do Espírito Santo, a fé que produz vida nasce dentro de nós e guia a nossa existência.

Houve um momento em que o Senhor Jesus questionou os discípulos, perguntando até quando eles se permitiriam sofrer pela falta de fé. E você, até quando continuará sofrendo? Até quando continuará vivendo assim? Na cruz do Calvário, Jesus comprou todas as nossas promessas, então é nosso direito recebê-las.

Até quando o seu casamento continuará ruim? Até quando a ansiedade vai consumir você? Até quando você ficará desempregado? Sabemos que a fé muda todas as circunstâncias, mas a falta de fé traz sofrimento. Jesus não estava falando com pessoas que não O conheciam, e sim com os discípulos dEle, aqueles que oravam por enfermos que eram curados e que viviam incríveis experiências sobrenaturais ao lado dEle.

A fé não permite que paremos ou desistamos, porém é preciso que freiemos a nossa língua:

"O que guarda a boca e a língua guarda das angústias a sua alma." PROVÉRBIOS 21:23

Mesmo que estejamos crendo no nosso milagre e o declarando, e ele ainda não tenha acontecido, não podemos ficar espalhando bobagens e incredulidade. O ideal é nos mantermos quietos e continuarmos crendo. A Bíblia diz que a língua é como uma labareda que incendeia uma floresta:

"Assim também a língua é um pequeno membro e gloria-se de grandes coisas. Vede quão grande bosque um pequeno fogo incendeia." TIAGO 3:5

Conhecemos a história de um homem cujo filho tinha uma grave doença, mas não era algo físico, e sim espiritual: um espírito maligno entrava na vida daquele garoto e o fazia convulsionar, além de jogá-lo no fogo e na água. Ele vivia uma vida de escravizado. O pai, que não suportava mais toda aquela situação, ouviu falar de Jesus, pegou o filho e o levou até onde Ele estava. Porém, naquele momento, Jesus não se encontrava, somente os discípulos estavam presentes. Pedro orou pelo menino e nada aconteceu. João também orou e, novamente, nada aconteceu. Todos os doze se reuniram para orar pelo garoto, mas ele não foi liberto. Então, o Senhor Jesus chegou e perguntou o que estava acontecendo:

> "E ele, respondendo-lhes, disse: Ó geração incrédula! Até quando estarei convosco? Até quando vos sofrerei ainda? Trazei-mo. E trouxeram-lho; e, quando ele o viu, logo o espírito o agitou com violência; e, caindo o endemoninhado por terra, revolvia-se, espumando. E perguntou ao pai dele: Quanto tempo há que lhe sucede isto? E ele disse-lhe: Desde a infância. E muitas vezes o tem lançado no fogo e na água, para o destruir; mas, se tu podes fazer alguma coisa, tem compaixão de nós e ajuda-nos. E Jesus disse-lhe: Se tu podes crer; tudo é possível ao que crê." MARCOS 9:19-23

O pai do garoto continuou insistindo com Jesus, para que o Senhor o libertasse. Aquele homem tinha um grande problema, e foi a fé em Cristo que fez aquela dolorosa adversidade ser resolvida. Quem tem fé não retrocede nem declara o contrário, pois sabe que, através dela, toda circunstância poderá ser transformada.

A SUA VIDA PODE MUDAR!

Você precisa APRENDER A RECONHECER, pela fé, as OPORTUNIDADES que surgem.

10º DIA

TODO NOVO DIA É UMA OPORTUNIDADE!

"Eis que a sua alma se incha, não é reta nele; mas o justo, pela sua fé, viverá."

HABACUQUE 2:4

O livro de 1 Samuel conta a história de uma luta muito famosa, entre Davi e Golias:

"E diziam os homens de Israel: Vistes aquele homem que subiu? Pois subiu para afrontar a Israel. Há de ser, pois, que ao homem que o ferir o rei o enriquecerá de grandes riquezas, e lhe dará a sua filha, e fará isenta de impostos a casa de seu pai em Israel. Então, falou Davi aos homens que estavam com ele, dizendo: Que farão àquele homem que ferir a este filisteu e tirar a afronta de sobre Israel? Quem é, pois, este incircunciso filisteu, para afrontar os exércitos do Deus vivo?" 1 SAMUEL 17:25-26

Davi era um garoto muito pequeno que teve que lutar com um gigante de quase três metros. Ainda assim, foi o pequeno rapaz que saiu vitorioso desse confronto. Davi não fazia parte da guerra, não tinha que estar naquele lugar, porém foi visitar os irmãos onde o conflito estava acontecendo. O exército de Israel estava de um lado, e os filisteus, juntamente do gigante, do outro. Golias repetidamente gritava:

> "[...] Dai-me um homem, para que ambos pelejemos." I SAMUEL 17:10

Davi não aceitou aquela situação, aquela afronta, e diante de toda a confusão sentiu o cheiro de uma grande oportunidade. Ele ouviu o comentário entre os guerreiros, que falavam sobre a recompensa que o rei estava oferecendo ao nobre que acabasse com o gigante Golias, então, pela fé, decidiu agir.

> "[...] ao homem que o ferir o rei o enriquecerá de grandes riquezas, e lhe dará a sua filha, e fará isenta de impostos a casa de seu pai em Israel." I SAMUEL 17:25

O mais incrível é que aquele exército estava sendo afrontado por Golias havia exatos quarenta dias, e em todo aquele tempo eles passaram uma grande vergonha. Por isso, o homem que vencesse o gigante receberia o favor do rei, muitas riquezas, a filha dele como esposa, teria sua família livre de pagar impostos em Israel. Davi ficou muito empolgado e se encheu de fé! Ele mataria Golias até de graça, por ter afrontado o seu Deus, mas ainda existia a oportunidade de alcançar o favor do rei. Para ele, era uma proposta irrecusável.

TODO NOVO DIA É UMA OPORTUNIDADE!

Nós também precisamos aprender a reconhecer, pela fé, as oportunidades que aparecem, pois elas ocorrem todos os dias. Provavelmente, nesta semana mesmo, muitas oportunidades surgiram sem serem percebidas.

> "Voltei-me e vi debaixo do sol que não é dos ligeiros a carreira, nem dos valentes, a peleja, nem tampouco dos sábios, o pão, nem ainda dos prudentes, a riqueza, nem dos inteligentes o favor, mas que o tempo e a sorte pertencem a todos." ECLESIASTES 9:11

Talvez você já tenha se perguntado: por que algumas pessoas percebem a oportunidade imediatamente, agarram-na e prosperam? Por que alguns alcançam as oportunidades e, junto delas, o favor de Deus? A diferença está na visão que cada um tem.

Deus não traz a bênção, e sim a oportunidade para que sejamos abençoados. E só as aproveitaremos quando formos tomados por fé. Deus não nos dará dinheiro de graça, mas dará a semente que proporcionará o plantio e, logo em seguida, a colheita. Essa é a diferença da prosperidade: alguns comem a semente e permanecem se lamuriando porque a colheita não vem, apesar de viverem orando. Deus já os abençoou, mas a oportunidade foi perdida.

Comece a andar com o seu espírito atento e disposto a viver as novas e grandes oportunidades que Deus colocará diante de você. Seja grato e trabalhe duro para fazer dar certo.

> Você precisa saber quem é o DEUS que
> HABITA EM VOCÊ.

11º DIA

COMO RECONHECER AS OPORTUNIDADES DA VIDA

> "Porque nos tornamos participantes de Cristo, se retivermos firmemente o princípio da nossa confiança até ao fim."
>
> HEBREUS 3:14

O que precisamos fazer para enxergar cada oportunidade? É preciso que a nossa visão seja dividida em três aspectos.

1º aspecto: precisamos ter uma visão correta da situação.

Se não encararmos a oportunidade corretamente, olhando-a com os olhos da fé, com certeza a deixaremos passar. Golias era um gigante de guerra. Um exército inteiro o considerava um problema invencível, mas um garoto de 17 anos viu nele uma grande oportunidade. Muitas

47

vezes, Deus já colocou uma grande oportunidade diante de nós, mas o pessimismo, o medo e as fraquezas nos fizeram vê-la como um problema, e a fé existente no nosso coração não foi suficiente para que nos lançássemos e a agarrássemos com toda a força.

Um gigante tão violento que nem um exército inteiro conseguiu deter certamente é um grande problema, e não uma oportunidade. Milhares de homens naquele exército pensavam assim, mas houve um que enxergou diferente, que agiu pela fé e foi o grande beneficiado. Davi olhou aquilo como uma promoção, e não como destruição. Ele entendeu que aquela era a hora dele.

Precisamos ter uma visão correta e otimista das situações. Se sempre olharmos as situações pelo aspecto do problema, nunca conseguiremos conquistar a vitória. Com certeza, Deus nos tem dado oportunidades – na carreira, no casamento, no ministério –, mas pode ser que estejamos olhando todas elas como um grande problema. Nada disso é para a nossa destruição, e sim para uma grande promoção. Da parte de Deus nunca virá nada para nos destruir.

Se Davi tivesse focado o problema, com certeza pegaria a mochila e voltaria para o pasto para cuidar das poucas ovelhas que tinha. Mas ele tinha uma visão correta da situação e do Deus ao qual servia: sabia que não era um problema, e sim uma oportunidade.

2º aspecto: precisamos ter uma visão correta de nós mesmos.

Davi nunca chamava Golias de gigante. Como você tem chamado as suas crises? Devemos olhar para Deus e O ter como referencial, pois assim os nossos problemas se tornarão insignificantes. Davi sabia exatamente quem ele era, tanto que contava as próprias proezas para o rei.

"Então, disse Davi a Saul: Teu servo apascentava as ovelhas de seu pai; e vinha um leão ou um urso e tomava uma ovelha do rebanho, e eu saía após ele, e o feria, e a livrava da sua boca; e, levantando-se ele contra mim, lançava-lhe mão da barba, e o feria, e o matava. Assim, feria o teu servo o leão como o urso; assim será este incircunciso filisteu como um deles; porquanto afrontou os exércitos do Deus vivo. Disse mais Davi: O Senhor me livrou da mão do leão e da do urso; ele me livrará da mão deste filisteu. Então, disse Saul a Davi: Vai-te embora, e o Senhor seja contigo." I SAMUEL 17:34-37

Todas as situações difíceis pelas quais passamos não foram por acaso, serviram para nos forjar, para gerar fé a fim de que enfrentássemos situações ainda mais difíceis e para nos fazer sair como vencedores. Davi conhecia o passado, mas também o presente.

Tudo que você tem vivido não é por acaso. Davi sabia do futuro, sabia que alguns dias antes o sacerdote havia ido até a sua casa para ungi-lo e profetizar que ele seria o novo rei de Israel. Você não é nenhum "Zé Ninguém". Dentro de você existe o poder que opera nos Céus, chamado Espírito Santo, e isso tem que ser suficiente para levá-lo a toda e qualquer conquista.

3º aspecto: precisamos ter uma visão correta de quem é Deus.

Sabe por que algumas pessoas morrem agarradas aos problemas? Porque elas não sabem quem é Deus. Creem que qualquer problema é maior que o próprio Deus e, ainda, se sentem completamente desamparadas pelo Senhor.

O Deus ao qual servimos é capaz de nos tirar de trás da moita, do meio das pequenas ovelhas, e nos colocar dentro de um palácio governando e reinando sobre toda uma nação. Ele é capaz de nos tirar do anonimato e nos fazer governadores de um Estado. Pode nos tirar do desemprego e nos entregar uma empresa próspera e grande. Para isso, precisamos ter uma visão correta de quem é Deus e agir pela fé.

Logo, precisamos saber quem é o Deus que habita em nós. Davi, aos 17 anos, tinha essa revelação e sabia que ninguém era capaz de afrontá-Lo, nem aos filhos dEle, e sair impune. A batalha na nossa vida pertence ao Senhor, e Ele a transformará em uma oportunidade para nos promover. Ele é quem nos dará a vitória e destruirá os nossos inimigos, pela fé.

Crer que TODAS AS COISAS cooperam significa que até mesmo os PROBLEMAS e as NOTÍCIAS ruins contribuem para O SEU BENEFÍCIO.

12º DIA

TUDO CONTRIBUIRÁ PARA O SEU BEM

"Ora, sem fé é impossível agradar-lhe, porque é necessário que aquele que se aproxima de Deus creia que ele existe e que é galardoador dos que o buscam."

HEBREUS 11:6

Em todos esses anos de ministério, tenho presenciado notícias preocupantes e até mesmo ruins; alguns acontecimentos difíceis que devastaram a alegria, a paz e o equilíbrio de pessoas e famílias inteiras. Lares entrando em caos, pais sem saber como proceder a partir daquele momento e filhos traumatizados – todos sufocados por uma atmosfera de derrota e fracasso. Tenho visto pessoas com o eterno sentimento de que algo muito ruim e difícil está para acontecer. São esses sentimentos que dirigem a vida deles e que baseiam as decisões que tomam.

51

Posso afirmar que tudo depende da maneira como uma notícia preocupante, um acontecimento difícil, é encarada. A Palavra de Deus nos revela que todas as coisas cooperam para o nosso bem, para o bem daqueles que verdadeiramente O amam. Precisamos crer com firmeza nessa palavra, porque, crendo e colocando em prática essa verdade, teremos paz e refrigério para ultrapassar qualquer barreira e vencer qualquer obstáculo.

Você ama a Deus com todas as suas forças? Então, essa promessa é para você. Tudo passará a cooperar para o seu crescimento, para a sua abundância e para o seu relacionamento com Ele.

> "E sabemos que todas as coisas contribuem juntamente para o bem daqueles que amam a Deus, daqueles que são chamados por seu decreto." ROMANOS 8:28

Você compreendeu bem o que acabou de ler nesse versículo? Quantas coisas cooperam para o seu bem? Exatamente todas, sem exceção. Repita isto: "Todas as coisas, todos os acontecimentos, todas as situações que surgem na minha vida são para o meu bem e o meu crescimento!".

Ganhar dinheiro é cooperar para o bem, assim como o casamento deve cooperar. Adquirir algo material, passar na universidade e infinitas coisas que podemos alcançar, todas, sem exceção, servem para a nossa cooperação.

Quando a Bíblia diz que todas as coisas cooperam, ela também está se referindo aos problemas, às crises e às dificuldades. O Senhor Jesus nos alertou que neste mundo, durante a nossa vida, passaríamos por problemas e aflições, que o dia mal e o tempo ruim nos alcançariam algumas vezes, porém até mesmo essas situações contribuem para o nosso aperfeiçoamento.

É óbvio que preferimos as conquistas, mas todo problema e toda crise também têm um propósito e podem cooperar conosco. É isso que precisamos entender. É muito fácil crermos que a bênção está cooperando conosco, mas com a adversidade nunca imaginamos isso; nunca a olhamos e a recebemos com bons olhos.

Se hoje você tem atravessado um grande problema, é porque um tremendo milagre está vindo na sua direção! Tenha fé! Aja com fé! Viva pela fé!

Depois que o Senhor Jesus entrou na nossa vida, nada mais tem acontecido por acaso. Nunca devemos pensar que Deus se esqueceu de nós e que por isso vem acontecendo esse turbilhão de situações e problemas. Mesmo sem entender, a partir do momento em que nos entregamos e permitimos que Jesus se tornasse o nosso Senhor e Salvador, Deus começou a trabalhar na nossa vida, até mesmo através dos problemas.

"Reconhece-o em todos os teus caminhos, e ele endireitará as tuas veredas." **PROVÉRBIOS 3:6**

A partir de então, todas as situações passaram a cooperar para o nosso bem, as boas e as ruins. Por isso, comece a olhar todas as situações com os olhos do espírito e a crer com uma fé sobrenatural. Todo problema tem um objetivo: cooperar para o seu bem. Veja-os, a partir de hoje, da maneira correta.

> Quando você ORA em concordância com a PALAVRA, tem LEGALIDADE para que ela se manifeste A SEU FAVOR.
>
> 13º DIA

VIDA DE ORAÇÃO

> "Ora, o homem natural não compreende as coisas do Espírito de Deus, porque lhe parecem loucura; e não pode entendê-las, porque elas se discernem espiritualmente. Mas o que é espiritual discerne bem tudo, e ele de ninguém é discernido. Porque quem conheceu a mente do Senhor, para que possa instruí-lo? Mas nós temos a mente de Cristo."
>
> 1 CORÍNTIOS 2:14-16

Com Deus não é possível crer na parcialidade. É tudo ou nada. Não podemos viver mais da esperança de que algo aconteça, devemos estar firmados na fé, devemos ser como aqueles que no dia da adversidade não arredam o pé, assim como no tempo da abundância continuam obedientes e rendidos a Cristo.

Vou revelar algo: a nossa mente é um péssimo senhor e um excelente servo. Quando conseguimos ensiná-la a ser obediente a Cristo, temos uma fé sobrenatural, e os milagres viram rotina na nossa vida.

Quando discernimos no espírito, a nossa mente passa a ser a mesma de Cristo. O problema não é a falta de fé, e sim uma mente fraca que não se sujeita à mentalidade de Cristo. Um homem espiritual governa mente e alma, porque a intimidade com Deus cria uma mente forte.

> "Mas o Espírito expressamente diz que, nos últimos tempos, apostatarão alguns da fé, dando ouvidos a espíritos enganadores e a doutrinas de demônios, pela hipocrisia de homens que falam mentiras, tendo cauterizada a sua própria consciência." I TIMÓTEO 4:1-2

A mente cauterizada dá legalidade à ação de demônios. Isso é muito comum nos crentes que não têm mais um compromisso firmado com a igreja, que aceitaram a Cristo, foram batizados e até já serviram na igreja, mas em certo momento começaram a se acostumar, a se conformar com as coisas do mundo, e hoje visitam igrejas, assistem a cultos, participam de duas ou três santas ceias durante o ano, mas estão com a mente cauterizada.

> "O meu povo foi destruído, porque lhe faltou o conhecimento; porque tu rejeitaste o conhecimento." OSÉIAS 4:6

Deus não deixou de ter aquilo de que precisamos. Muitas vezes, somos nós que optamos por um caminho e deixamos de receber tudo que Ele tem para a nossa vida. Não sejamos como o irmão do filho pródigo, que, mesmo estando dentro de casa, nunca usufruiu de nada que pertencesse ao pai. O Senhor Deus tem o carro que queremos, a casa com que sonhamos e deseja nos dar as férias dos nossos sonhos. Ele não mudou!

> "A candeia do corpo são os olhos: de sorte que, se os teus olhos forem bons, todo o teu corpo terá luz. Se, porém, os teus olhos forem maus, o teu corpo será tenebroso. Se, portanto, a luz que em ti há são trevas, quão grandes serão tais trevas!" MATEUS 6:22-23

Se queremos vencer os pensamentos destrutivos, devemos subjugar a nossa mente à obediência de Cristo através da oração. Esse é o segredo para alcançarmos o fortalecimento espiritual. Porém, oração não tem nada a ver com aquilo que muitas vezes praticamos todas as manhãs – a isso podemos dar o nome de lamentação. Orar não é ficar repetindo ladainhas diárias. Precisamos aprender a orar a Palavra de Deus, porque Ele vela pela Palavra e tem o compromisso de fazê-la se cumprir.

> "Assim será a palavra que sair da minha boca: ela não voltará para mim vazia; antes, fará o que me apraz e prosperará naquilo para que a enviei." ISAÍAS 55:11

Você sabe o que é orar a Palavra? Significa ler ou recitar a Escritura com um espírito de oração, fazendo do significado dos versos a nossa oração e a inspiração dos nossos pensamentos. Quando oramos a Palavra, temos legalidade para que ela se manifeste a nosso favor, para que aja na nossa vida, nos fortalecendo e erguendo uma fé correta para agirmos. É a Palavra de Deus que enche a nossa mente e nos faz ter uma fé sobrenatural.

56 40 DIAS DE FÉ E MILAGRES

NADA mais na sua vida ACONTECE por ACASO.

14º DIA

A FÉ SOBRENATURAL

"E Jesus lhes disse: Eu sou o pão da vida; aquele que vem a mim não terá fome; e quem crê em mim nunca terá sede."

JOÃO 6:35

Algumas pessoas se acostumam com os problemas e as dificuldades e deixam de combatê-los como inimigos. Acostumam-se com a enfermidade, as dívidas, a falta de dinheiro e as adversidades familiares e tomam para si as crises, a doença, a incapacidade, a falta de dinheiro. Por isso, Deus precisa criar os problemas para expor definitivamente o inimigo e nos ajudar a combatê-lo.

"Moisés, porém, disse ao povo: Não temais; estai quietos e vede o livramento do Senhor, que hoje vos fará: porque aos egípcios, que hoje vistes, nunca mais vereis para sempre." ÊXODO 14:13

Veja que interessante o que diz esse versículo: olhe bem para esse inimigo, porque você nunca mais tornará a vê-lo! Isso é maravilhoso. Além de aniquilar essa adversidade, Deus fará com que não tornemos a vê-la. Quer um conselho? Despeça-se do que lhe aflige, porque o Senhor Deus não permitirá mais que você gaste o seu tempo, a sua saúde e a sua energia lutando contra esse mesmo inimigo.

Deus não quer que vivamos com uma fé medíocre, por isso nos proporciona os problemas e as dificuldades. Quando o povo de Israel começou a se lamentar com medo do exército que vinha contra eles, Moisés sentiu-se coagido e foi até Deus, buscar nEle a solução para aquela adversidade. Porém, o Senhor o repreendeu dizendo que não perdessem mais tempo e que imediatamente começassem a marchar:

> "Então, disse o Senhor a Moisés: Por que clamas a mim? Dize aos filhos de Israel que marchem." ÊXODO 14:15

Você crê que Deus está no controle da sua vida? Todo problema serve para gerar em nós uma fé que nos impulsionará a crer no sobrenatural e buscar nEle a saída para qualquer situação. Quem tem uma fé sobrenatural, gerada a partir dos grandes problemas, não questiona as direções de Deus, não vive chorando nem se lamentando por ter que superar mais uma dificuldade e simplesmente segue o caminho, crendo que foi o Senhor quem o mandou marchar e continuar lutando.

Todo problema na nossa vida se revelará como um grande milagre da parte de Deus. As crises e as situações difíceis pelas quais passamos geram um grande milagre. São o grande propulsor do poder de Deus:

40 DIAS DE FÉ E MILAGRES

> "Então, Moisés estendeu a sua mão sobre o mar, e o Senhor fez retirar o mar por um forte vento oriental toda aquela noite; e o mar tornou-se em seco, e as águas foram partidas." ÊXODO 14:21

Israel precisava cruzar o mar, e Deus os conduziu à libertação. Você também está de frente para o mar? Onde está o seu problema? Na sua casa? No seu corpo? No seu trabalho? No banco? Creia que Deus está com você nessa situação e que realizará na sua vida o que lhe prometeu.

Todo problema tem um objetivo, que é cooperar para o nosso bem, glorificar a Deus, expor o nosso potencial e mudar a nossa mente, gerando em nós uma fé sobrenatural. Vejamos os problemas, a partir de agora, da maneira correta, e a fé sobrenatural nos fará avançar.

A FÉ SOBRENATURAL

Ter OUSADIA é continuar INSISTINDO!

15º DIA

NÃO DESISTA!

> "Vigiai, estai firmes na fé, portai-vos varonilmente e fortalecei-vos."
>
> 1 CORÍNTIOS 16:13

Toda conquista gera uma oposição. Tudo que conquistarmos enfrentará barreiras, e quanto maiores forem os nossos projetos, maior será a oposição.

O capítulo 26 do livro de Gênesis conta um período muito difícil para o povo de Israel, de muita seca e dificuldades. Isaque não se importava com as circunstâncias, com o momento que atravessavam, pois era focado na promessa de crescimento que havia sobre ele.

> "E semeou Isaque naquela mesma terra e colheu, naquele mesmo ano, cem medidas, porque o Senhor o abençoava. E engrandeceu-se o varão e ia-se engrandecendo, até que se tornou mui grande; e tinha possessão de ovelhas, e possessão de vacas, e muita gente de serviço, de maneira que os filisteus o invejavam."

> E todos os poços que os servos de seu pai tinham cavado nos dias de Abraão, seu pai, os filisteus entulharam e encheram de terra. Disse também Abimeleque a Isaque: Aparta-te de nós, porque muito mais poderoso te tens feito do que nós." GÊNESIS 26:12-16

Com ousadia e tomado de fé, Isaque começou a plantar naquela terra árida, e no mesmo ano colheu cem vezes mais que o investimento. Os outros habitantes da mesma região passavam por um período muito difícil e desesperador, enfrentando a fome e vendo as terras cada vez mais infrutíferas, porém Isaque era abundante nas plantações, a ponto de tornar-se riquíssimo.

Como ele pôde conquistar tanto em um tempo de tamanha escassez? Obviamente, o povo que observava o crescimento de Isaque começou a invejá-lo a ponto de entulhar com terra os poços – os maiores tesouros que um homem poderia possuir em pleno deserto, já que era com a água deles que se plantava e se alimentava a família e os animais.

Isaque soube na pele o significado de toda conquista gerar uma oposição. Não importa quais são os nossos projetos, sempre haverá alguém para tentar prejudicá-los. A Bíblia diz que a inveja é algo tão terrível que chega a secar os ossos de quem a pratica.

> "O coração com saúde é a vida da carne, mas a inveja é a podridão dos ossos." PROVÉRBIOS 14:30

Se você está cansado e não aguenta mais lutar contra as adversidades que surgem enquanto está caminhando para a realização dos seus projetos e muitas vezes é surpreendido por alguém entulhando

NÃO DESISTA!

seu poço, faça como Isaque: seja ousado, encha-se de fé e cave um novo poço.

> "E apareceu-lhe o Senhor naquela mesma noite e disse: Eu sou o Deus de Abraão, teu pai. Não temas, porque eu sou contigo, e abençoar-te-ei, e multiplicarei a tua semente por amor de Abraão, meu servo." GÊNESIS 26:24

Ter ousadia é continuar insistindo! Em meio à luta e à insistência de Isaque, é óbvio que continuaram aparecendo opositores para atrapalhar o trabalho, mas ele não desanimava.

> "Porque aquele que pede recebe; e o que busca encontra; e, ao que bate, se abre." MATEUS 7:8

Independentemente do que você estiver enfrentando, mantenha-se firme na fé e confiante de que o Senhor é contigo! Se você orou por uma cura e ela não aconteceu, insista e continue orando. Se você jejuou por uma causa e ela não foi atendida, continue jejuando. Deus virá na sua direção e lhe dará vitória. Ele o levará a novas fontes de águas, e isso acontecerá por meio da sua fé.

Não desista, porque nem sempre teremos vitória na primeira batalha. Haverá situações em que precisaremos superar muitas batalhas até que a vitória chegue. O sentimento que deve nos impulsionar é a determinação. Ser determinado é ter convicção da visão de Deus para a nossa vida.

Deus trará o consolo até você e o levará a experimentar a maior vitória da sua vida. Isaque nunca parou, mesmo em meio às adversidades, até que chegou o momento em que Deus deu a vitória a ele.

62 40 DIAS DE FÉ E MILAGRES

> "E partiu dali e cavou outro poço; e não porfiaram sobre ele. Por isso, chamou o seu nome Reobote e disse: Porque agora nos alargou o Senhor, e crescemos nesta terra." GÊNESIS 26:22

Isaque entendeu que sempre teremos oposições, por isso começou a furar o poço chamado Reobote, que significa esperança. Tudo que conquistamos em oração deve ser mantido também em oração, tudo que for conquistado pela fé deve ser mantido pela fé, e tudo que for conquistado pela semeadura deve ser também mantido por novas sementes.

Você pode estar lutando há muito tempo e sempre encontrando adversidades, mas chegará o dia em que Deus lhe aliviará a carga e lhe dará a vitória. Foram quatro os poços que Isaque cavou, mas imagine se ele tivesse desistido no terceiro. Persevere, seja determinado, tenha ousadia e aja pela fé, porque, enquanto você não desistir, não terá fracassado.

> Deus PROMOVE a cada um de nós o ACESSO às
> MELHORES coisas desta TERRA.

16º DIA

CAMINHANDO NA DIMENSÃO DA FÉ

> "E Deus não fará justiça aos seus escolhidos, que clamam a ele de dia e de noite, ainda que tardio para com eles?"
>
> LUCAS 18:7

Talvez você ainda não tenha vivido uma conquista sobrenatural porque não se permitiu caminhar na esfera da fé, que é um lugar muito além do nosso entendimento, que foge da nossa capacidade, pulsa dentro de nós e nos faz enxergar o que ainda não existe.

Sabemos que Deus é infinitamente poderoso e que para Ele não há nada impossível, mas Ele só fará na nossa vida aquilo que permitirmos que Ele faça. Vamos juntos, através de Abraão, aprender como caminhar na dimensão da fé:

64

> "Ouvindo, pois, Abrão que o seu irmão estava preso, armou os seus criados, nascidos em sua casa, trezentos e dezoito, e os perseguiu até Dã." GÊNESIS 14:14

Quem caminha pela fé trilha o caminho do impossível. Esse versículo trata de uma guerra em que os invasores vencem a batalha. Depois de saquearem as cidades de Sodoma e Gomorra, os invasores vão embora e levam Ló, sobrinho de Abraão, e todos os bens dele.

Quando Abraão soube que Ló estava preso, imediatamente organizou um exército de 318 homens para lutar contra milhares. Esse exército era composto de homens comuns, trabalhadores, que foram lutar contra os guerreiros treinados dos exércitos inimigos.

A vitória e o resgate de Ló pareciam impossíveis, comparando um exército ao outro, mas Abraão andou na dimensão da fé – e, com Deus ao lado dele, saíram vencedores. Com a vitória, Abraão recuperou o sobrinho, as posses, os homens que haviam sido tomados para o cativeiro e os bens que haviam sido saqueados.

A fé também faz com que caminhemos na esfera da fidelidade:

> "E Melquisedeque, rei de Salém, trouxe pão e vinho; e este era sacerdote do Deus Altíssimo. E abençoou-o e disse: Bendito seja Abrão do Deus Altíssimo, o Possuidor dos céus e da terra; e bendito seja o Deus Altíssimo, que entregou os teus inimigos nas tuas mãos. E deu-lhe o dízimo de tudo." GÊNESIS 14:18-20

Abraão deu o dízimo de tudo que tinha depois que venceu a batalha. Melquisedeque, sacerdote do Deus Altíssimo, deu pão e vinho a ele e recebeu o dízimo de Abraão. Aqui, o pão significa o suprimento das necessidades essenciais e a garantia de que, ao sermos fiéis a Deus nos dízimos, teremos supridas as nossas necessidades básicas. Já o vinho significa a abundância, o mais que necessário. Significa que, perante a nossa fidelidade, Deus promove a cada um de nós o acesso às melhores coisas dessa terra.

Por último, caminhar pela fé também produz confiança.

"Abrão, porém, disse ao rei de Sodoma: Levantei minha mão ao Senhor, o Deus Altíssimo, ó Possuidor dos céus e da terra, e juro que, desde um fio até à correia dum sapato, não tomarei coisa alguma de tudo o que é teu; para que não digas: Eu enriqueci a Abrão." GÊNESIS 14:22-23

Abraão confiava que era Deus quem iria abençoá-lo. Entendia que o próprio Deus o faria prosperar e o conduziria para conquistar tudo aquilo que havia prometido.

"Depois destas coisas veio a palavra do Senhor a Abrão em visão, dizendo: Não temas, Abrão, eu sou o teu escudo, o teu grandíssimo galardão." GÊNESIS 15:1

A fé de Abraão produziu grandes resultados, e em pouco tempo ele se tornou um dos homens mais ricos e abençoados de toda a terra. Caminhe você também na dimensão da fé, que faz com que viva em fidelidade e confiança, e então encontrará uma fonte de prosperidade e justiça sobre a sua vida.

Quem deseja crescer PRECISA TER INTIMIDADE com o Espírito Santo.

17º DIA

SIGA EM FRENTE!

"Assim também a fé, se não tiver as obras, é morta em si mesma."

TIAGO 2:17

O único jeito de caminharmos corretamente é indo para a frente. Caminhar para a frente sempre, pela fé, sem retroceder, deve ser a maneira como os que servem a Deus devem andar.

"Mas isto lhes ordenei, dizendo: Dai ouvidos à minha voz, e eu serei o vosso Deus, e vós sereis o meu povo; e andai em todo o caminho que eu vos mandar, para que vos vá bem. Mas não ouviram, nem inclinaram os ouvidos, mas andaram nos seus próprios conselhos, no propósito do seu coração malvado; e andaram para trás e não para diante." JEREMIAS 7:23-24

Como você tem andado? Para frente ou para trás? Em círculos, sem sair do lugar? Alguns crentes vivem andando em círculos, com a impressão de que estão se movimentando e mudando de lugar, mas, se bem observarem, verão um buraco por onde têm caminhado e nenhuma diferença na própria situação.

Andar em círculos é ganhar dinheiro e logo perder o que acabou de conquistar; é começar um namoro tão desejado e em pouco tempo estar sozinho novamente; é arrumar um bom emprego e, sem mais nem menos, estar desempregado. Alguns conseguem andar em círculos até mesmo na vida espiritual, ora estando afoitos buscando e adorando a Deus, ora estando dentro da igreja murmurando contra Ele.

Pior ainda são aqueles que andam para trás. Em determinado momento, estão morando em um ótimo apartamento, depois se mudam para um lugar que mal acomoda a família, porque traçaram o caminho inverso do crescimento.

Todos nós nascemos para avançar e tomar posse de novos territórios, porque o movimento natural de todo ser humano é o crescimento. É claro que muitas vezes precisamos parar por algum tempo para dar estabilidade ao que já conquistamos, mas logo necessitamos continuar no processo de avançar.

Um provérbio muito interessante escrito por Agur conta que ele conheceu quatro tipos de caminhos, sendo três maravilhosos, e o quarto, extraordinário.

> "Há três coisas que me maravilham, e a quarta não a conheço: o caminho da águia no céu, o caminho da cobra na penha, o caminho do navio no meio do mar e o caminho do homem com uma virgem." PROVÉRBIOS 30:18-19

Como é o caminho que o navio faz no meio do mar? Um navio só tem sucesso no trajeto por ser dirigido com base no que acontece no céu. A tripulação precisa observar o lugar onde o sol se levanta e se põe e, ao anoitecer, ficar de olho nas estrelas. Ser guiado pelo céu é basear nossos passos na Palavra de Deus, meditar nela de dia e à noite, porque ela tem poder para nos conduzir bem por onde quer que andemos.

A águia no céu precisa voar muito atenta, porque o vento errado faz com que perca o sentido da direção, enquanto os ventos corretos a fazem subir e se livrar de qualquer tempestade. Conheça, valorize e coloque em prática os princípios de Deus. Eles são a nossa proteção para que, mesmo diante de uma grande tempestade, não sejamos atingidos pelos fortes ventos.

Quer caminhar para frente e não para trás? Então tenha intimidade e relacionamento próximo com o Espírito Santo. Se você tem se sentado na roda dos escarnecedores e tem dado ouvido aos conselhos de pessoas erradas, a sua vida, o seu negócio, o seu casamento e o seu ministério certamente caminharão para trás. Você anseia por seguir em frente? Então conheça o Espírito Santo e seja íntimo dEle.

O que significa o caminho da cobra andando na pedra? Ela se desloca sobre as pedras para não deixar rastro. E este é um segredo tremendo para alcançarmos o sucesso: caminhar pela fé e sem deixar rastros. Prossiga com máxima atenção ao seu caráter e não deixe mentiras pelo caminho, porque quem deixa rastros em algum momento terá de olhar para trás e voltar para limpar toda a sujeira acumulada por onde passou. Só vai para frente sem precisar voltar para consertar nada quem jamais deixou rastro algum.

A última revelação desse provérbio é muito surpreendente e difícil de ser entendida. Por que um homem caminha com uma virgem? Provavelmente porque quer se casar com ela. Portanto, nós devemos caminhar com Jesus como uma virgem, sem nos contaminarmos com

SIGA EM FRENTE!

algo que não pertença ao Reino de Deus. Afaste-se de tudo que for pecado e iniquidade, e Deus suprirá todas as suas necessidades.

Vá para frente, e não para trás. Conheça as Escrituras, não se desvie nem para a esquerda nem para a direita, tenha intimidade com o Espírito Santo, não deixe rastros por onde passar e seja como a virgem, que se guarda todos os dias para receber o noivo. Então, você encontrará pelo caminho as grandezas e os favores de Deus.

Pela FÉ, VENCEMOS a esterilidade.

18º DIA

VOLTE A DAR FRUTOS

> "E Deus os abençoou e Deus lhes disse: Frutificai, e multiplicai-vos, e enchei a terra, e sujeitai-a; e dominai sobre os peixes do mar, e sobre as aves dos céus, e sobre todo o animal que se move sobre a terra."
>
> GÊNESIS 1:28

Logo que criou o homem e a mulher, Deus imediatamente ordenou que se multiplicassem, enchessem a terra e a dominassem. A Bíblia relata que outros homens também receberam essa mesma direção: que fossem fecundos.

Sabemos que os pensamentos que Deus tem a nosso respeito são sempre de bem e que quando Ele nos ordena algo não é para nos prejudicar, e sim para nos proteger e nos fazer alcançar algo novo. Mas o que Deus quer dizer quando nos orienta a sermos fecundos? Significa que, constantemente, devemos gerar e dar frutos.

Ele nos deu o poder do crescimento e da multiplicação, e essa é uma ordem dEle para que O sirvamos com fidelidade e cumpramos

71

esse propósito. Para isso, a esterilidade precisa ser quitada. Talvez você conheça pessoas que realmente sofrem com a esterilidade física, mas outras decidem viver na esterilidade em todas as áreas, sem nunca produzir um bom fruto.

Como deixar de ser estéril em alguma área? É pela fé que se vence esse quadro. Precisamos decidir dar bons frutos nas finanças, nos relacionamentos, em toda e qualquer área.

Hoje, quais são os tipos de frutos que você tem gerado?

> "Porque as obras da carne são manifestas, as quais são: prostituição, impureza, lascívia, idolatria, feitiçarias, inimizades, porfias, emulações, iras, pelejas, dissensões, heresias, invejas, homicídios, bebedices, glutonarias e coisas semelhantes a estas, acerca das quais vos declaro, como já antes vos disse, que os que cometem tais coisas não herdarão o Reino de Deus." GÁLATAS 5:19-21

Listados nesse provérbio estão os tipos de fruto que um cristão decide gerar na carne e dos quais precisamos nos arrepender, deixar de praticá-los e substituí-los pelos frutos do Espírito, que são:

> "[...] amor, gozo, paz, longanimidade, benignidade, bondade, fé, mansidão, temperança." GÁLATAS 5:22

A segunda ordem que o Senhor nos deixou diz respeito à multiplicação. Multiplicar é dar crescimento àquilo que já foi gerado, é dar continuidade ao desenvolvimento. É fato: ou crescemos ou diminuímos. Ninguém fica para sempre estagnado, então precisamos dar continuidade à nossa vida espiritual e ministerial, aos relacionamentos, à família e às finanças. Caso contrário, começamos a retroceder.

> "E aconteceu que, tendo decorrido um ano, no tempo em que os reis saem para a guerra, enviou Davi a Joabe, e a seus servos com ele, e a todo o Israel, para que destruíssem os filhos de Amom e cercassem Rabá: porém Davi ficou em Jerusalém." 2 SAMUEL 11:1

Deus também disse que devemos encher a terra, ocupando novos territórios. De tempos em tempos, haverá guerras em que deveremos lutar, cheios de fé, para conquistar novos territórios. É desejo de Deus que ocupemos lugares novos e talvez jamais imaginados por nós.

Deus está dizendo que a nossa função não é somente crescer. Conquistar é fácil, difícil é manter o que foi adquirido. Nascemos para dar frutos em todas as áreas, para multiplicar, conquistar novos territórios e manter todas as nossas conquistas.

> "Na verdade, na verdade vos digo que aquele que crê em mim também fará as obras que eu faço e as fará maiores do que estas, porque eu vou para meu Pai." JOÃO 14:12

Pela fé, reconheça quais áreas da sua vida precisam voltar a dar frutos e busque em Deus as direções para crescer.

VOLTE A DAR FRUTOS

> É a fé que NÃO NOS DEIXA desistir. Por isso, quando estamos FRACOS, o milagre NÃO ACONTECE.

19º DIA

COMO VIVER O MILAGRE

"Jesus respondeu e disse-lhes: A obra de Deus é esta: que creiais naquele que ele enviou."

JOÃO 6:29

Eu já vivi grandes experiências com Deus através da fé e hoje me esforço para contemplar milagres cada vez maiores na minha vida e na vida de quem me cerca. Tudo acontece movido pela oração, porque essa fé que Deus tem me ensinado a usar não é só para mim, para as minhas necessidades – e sim é para qualquer pessoa que se aproxima de mim e anseia por uma mudança, um milagre, um refrigério.

Já fui desafiado a orar por enfermidades sérias, como câncer, aids, problemas cardíacos, problemas financeiros, casamentos destruídos e casais desiludidos, e precisei empregar a fé com toda a minha força. Deus sempre me ouviu, foi comigo nessas empreitadas e operou as maravilhas dEle.

Obviamente, o crédito não está em mim, está totalmente nEle, mas o exercício da fé depende de mim, porque a nossa capacidade

74

de crer acima de qualquer circunstância é o combustível, o propulsor, a pólvora que faz com que Deus opere. Precisamos abandonar o medo de gerar nas pessoas uma expectativa de que o milagre poderá acontecer.

A fé é o que ativa o milagre e faz com que a promessa se torne realidade. É pela fé que tiramos força da fraqueza, ou seja, se você achar que nada está dando certo, use a fé para não desistir e chamar a atenção de Deus. Ter fé é lutar contra os argumentos que a nossa mente cria.

Ouça mensagens, leia livros e não deixe a sua mente argumentar; faça com que ela se alinhe com a fé. Aprenda que a fé é uma ação sem volta, pois por meio dela visualizamos o milagre antes que ele aconteça.

Lute para que você não se torne um cristão religioso que foi salvo e restaurado pela fé, mas que com o passar do tempo deixou de viver experiências sobrenaturais. Frequentar uma igreja aos domingos não ativará a sua fé, porque essa movimentação acontece por meio da oração e do íntimo relacionamento com o nosso Senhor.

Seja sincero: você está se sentindo fraco na fé? Acredita que ela não é suficiente para alcançar o milagre de que você precisa? A sua fé está abalada? No início da sua caminhada com Deus, era assim? Naquela época, você vivia com muito fogo e era cheio de entusiasmo, movendo-se incansavelmente pela fé, mas hoje vive conformado?

Você não precisa mais conviver com essa enfermidade, mas eu pergunto: por que ainda não foi curado? A mulher do fluxo de sangue não foi curada por ter tocado nas vestes de Jesus, e sim porque a fé no coração dela a curou, a fé a impulsionou a querer se livrar daquela doença. É a fé que não nos deixa desistir. E é por isso que, quando estamos fracos, o milagre não acontece.

COMO VIVER O MILAGRE

Enquanto o sobrenatural não acontece, começamos a enfrentar uma guerra dentro da nossa mente, porque ela começa a nos acusar e nos lembrar de que nada tem mudado.

> "Este mandamento te dou, meu filho Timóteo, que, segundo as profecias que houve acerca de ti, milites por elas boa milícia." 1 TIMÓTEO 1:18

Lute pelas suas promessas e faça por elas uma boa guerra. Paulo dizia que precisamos ter uma boa consciência e conservar a nossa mente em bom estado.

> "Conservando a fé e a boa consciência, rejeitando a qual alguns fizeram naufrágio na fé." 1 TIMÓTEO 1:19

Só tiramos forças dos momentos de fraqueza quando usamos a fé e por ela somos fortalecidos. O apóstolo Paulo ensina que devemos lutar pela profecia, pela promessa, e jamais desistir, conservando a nossa mente em bom estado, porque ela é o motivo pelo qual fracassamos ou vencemos na fé.

Por isso, a fé não pode ser algo gerado nas emoções, e sim na razão. Para termos vitória através da fé, precisamos manter a nossa mente firme e focada. Se entrarem argumentos, se entrarem a dúvida e os questionamentos, a fé vai naufragar, e é por isso que muitas pessoas que pensam que têm fé não conseguem alcançar nenhum milagre – porque é uma fé baseada nas emoções, e não na razão.

A fé emocional nos faz desacreditar do que Deus é capaz de fazer, mas a fé inteligente nos leva a continuar crendo, mesmo se as situações forem contrárias. A nossa mente é o órgão mais importante para que a fé seja ativada e permaneça forte dentro de nós. Cuide muito bem dela e viva o seu milagre!

Ter fé é se LANÇAR, é ter ATITUDE e não esperar para agir, é fazer ALÉM da nossa CAPACIDADE.

20º DIA

MILAGRES NASCERÃO A PARTIR DE VOCÊ

> "Sempre devemos, irmãos, dar graças a Deus por vós, como é de razão, porque a vossa fé cresce muitíssimo, e o amor de cada um de vós aumenta de uns para com os outros."
>
> **2 TESSALONICENSES 1:3**

Muitas vezes, estamos cercados de pessoas que esperam que a nossa fé manifeste o milagre na vida delas, porque elas já não têm fé suficiente para receber os próprios milagres.

Nesse sentido, algo interessante aconteceu comigo certa vez em que fui chamado para orar por um homem que estava internado em uma unidade de tratamento intensivo. Ele estava muito inchado, porque os dois rins haviam parado de funcionar, e os médicos já tinham avisado que as chances de recuperação eram muito pequenas. Na nossa conversa, eu disse que ele seria curado naquele momento, enquanto estivéssemos orando, e ele confessou que não tinha fé suficiente para crer no próprio milagre. Mas eu tinha fé por ele!

Depois de orar, eu me retirei. Isso ocorreu às 20h de sábado, e no domingo pela manhã ele recebeu alta. Através da oração, os rins voltaram a funcionar e ele urinou a noite inteira, até desinchar totalmente. Eu não sei o que você está enfrentando neste momento, qual é o seu problema, se você tem fé ou não, mas eu creio que o Senhor Deus é poderoso para curá-lo neste momento.

Eu só me tornei pastor porque creio que o meu Redentor vive e que Ele é poderoso para fazer muito mais do que eu preciso. Se um dia eu perder a fé, deixarei de ser pastor e não pregarei mais, nem escreverei mais livros para motivar os meus leitores e animar um público, e muito menos para ficar contando milagres do passado, porque eu creio que existe algo sobrenatural para hoje, para este momento, para o agora, e eu viverei assim até o dia em que serei chamado pelo Senhor Jesus, porque é nEle que eu creio.

Por isso, a fé não vem por aquilo que estamos vendo, e sim pelo que ouvimos. Jó foi um homem que viveu a desgraça e, olhando o nada que lhe havia sobrado, declarou:

> "Porque eu sei que o meu Redentor vive, e que por fim se levantará sobre a terra." JÓ 19:25

O cego de Jericó foi curado não pelo que via, e sim pelo que ouviu sobre Jesus:

> "Então, clamou, dizendo: Jesus, Filho de Davi, tem misericórdia de mim!" LUCAS 18:38

Até quando você vai viver com uma fé mediana? Quantas campanhas mais você precisará fazer para alcançar o seu milagre? Não sou contra as campanhas nas igrejas; pelo contrário, acredito que elas ativam a fé do povo, mas conheço pessoas que vivem de campanha em campanha e não conquistam nada. Por isso, hoje desafio você a iniciar uma campanha de gratidão pelo milagre que Deus já operou e você ainda não viu, mas tem convicção de que está prestes a acontecer. Isso é ter fé!

Talvez você esteja completamente desanimado pelas lutas que tem enfrentado, pelas guerras que parecem nunca ter fim, por considerar que a sua vida está travada e não conseguir enxergar uma saída, mas saiba que viver desanimado é desistir de você mesmo. Este é o verdadeiro significado do desânimo: desistir de nós mesmos. Quem desanima está desistindo do propósito de Deus para a própria vida. Eu sei que isso é forte, mas é a verdade! Creia que, enquanto você estiver lendo estas linhas, será reanimado no Senhor e reunirá forças para continuar lutando e buscando a sua vitória.

Não perca mais seu tempo olhando as circunstâncias, as situações e o que está ocorrendo à sua volta. Tenha fé para alcançar o seu grande testemunho, porque ter fé é se lançar, é ter atitude e não esperar para agir, é fazer além da capacidade do nosso braço, é crer tanto que nos jogamos ao nada, nos lançando, como Pedro fez, nas águas em meio a uma tempestade.

Se fé é o que está faltando na sua vida para alcançar o milagre, reanime-se, porque eu creio que você está próximo de experimentar o Deus Todo-Poderoso, para quem não há nada impossível.

VOCÊ ESTÁ PRÓXIMO DE EXPERIMENTAR O DEUS TODO-PODEROSO.

40 DIAS DE FÉ E MILAGRES
@MICHAELABOUD

A SUA MENTE TEM PODER E DEVE SER USADA PARA PENSAR, MEDITAR E VIVER A PALAVRA DE DEUS.

40 DIAS DE FÉ E MILAGRES
@MICHAELABOUD

NÃO ADOEÇA a sua mente com as SUAS palavras e o SEU jeito de VER.

21º DIA

MEDITANDO NO QUE É BOM!

"E a paz de Deus, que excede todo o entendimento, guardará os vossos corações e os vossos sentimentos em Cristo Jesus."

FILIPENSES 4:7

O que é a fé? É uma convicção. É algo espiritual, mas que está ligado ao natural, intimamente ligado ao que produzimos mentalmente. Você tem esperado algo? Tem certeza de que esse milagre acontecerá? Isso é fé, não é emoção. A fé acontece através daquilo que ouvimos – e não ouvimos com os nossos ouvidos, e sim com a nossa mente.

> "Quem tem ouvidos para ouvir, que ouça." MATEUS 13:9

83

Tudo que ouvimos é encaminhado para a nossa mente, onde passa a ser compreendido e gera a convicção e a certeza, que, por sua vez, são consideradas fé e podem ser visualizadas pelos nossos olhos espirituais.

Ter fé é carregar bem junto a nós os fatos que ainda não foram vividos, mas que já existem dentro da nossa mente. Sendo assim, será que uma mente doente, fraca, crítica, pessimista ou murmuradora tem condições de ter fé? Só fazemos declarações daquilo que cremos, e uma mente doente jamais conseguirá profetizar, na dimensão da fé, aquilo em que está crendo. Por isso, antes de ter fé, cuide da sua mente.

A boa notícia é que quem está em Cristo Jesus tem uma mente protegida. É Ele quem nos enche de paz e faz com que a nossa mente e o nosso coração sejam protegidos e guardados nEle. Foi assim que Deus aconselhou Josué:

> "Não se aparte da tua boca o livro desta Lei;
> antes, medita nele dia e noite, para que tenhas
> cuidado de fazer conforme tudo quanto nele está escrito:
> porque, então, farás prosperar o teu caminho e, então,
> prudentemente te conduzirás." JOSUÉ 1:8

Josué foi aconselhado a meditar na Palavra de Deus durante o dia e a noite.

> "Eis que a sua alma se incha, não é reta nele; mas o
> justo, pela sua fé, viverá." HABACUQUE 2:4

Se soltarmos a nossa mente, ela se tornará altiva e se perderá: os justos e retos não podem viver dos pensamentos frívolos, precisam estar centrados na fé. Não solte as rédeas da sua mente,

84 40 DIAS DE FÉ E MILAGRES

porque ela vagará por aí e o desconectará da fonte que é Deus. Talvez, mesmo lendo este livro, com os olhos fixos nele, você esteja dando rasantes com o seu pensamento e vivendo mentalmente inúmeras situações nos mais diferentes lugares neste exato momento. Quando fortalecemos a nossa mente, quando a vencemos e dominamos os pensamentos vagos, dando espaço para a fé, entramos em outro nível de conquistas.

> "Porque andamos por fé e não por vista." 2 CORÍNTIOS 5:7

As circunstâncias que você está vendo na sua vida hoje não são favoráveis? Então porque você insiste em andar através delas? Comece a estabelecer uma jornada pautada na fé.

Existem duas ações que considero as mais fortes: aquilo que enxergamos e aquilo que sai da nossa boca. Ambas sofrem uma ação mental, porque tudo que pensamos afeta aquilo que enxergamos ou declaramos. Há imagens que enxergamos um dia, mas que não precisaram ficar registradas na nossa mente, porque influenciam aquilo que vemos ou visualizamos; e o contrário também é verdadeiro, pois aquilo que falamos e enxergamos também influencia a nossa mente.

O grande problema disso tudo é que não vivemos pela fé, e sim pela emoção e por sentimentos errados, aliados a uma mente fraca e pessimista. Isso nos faz ver as situações, até mesmo as melhores oportunidades, de maneira errada, passando então a declarar palavras de destruição e morte. Não adoeça a sua mente com as suas palavras e o seu jeito de ver as coisas. Peça perdão a Deus por estar pensando e enxergando errado.

MEDITANDO NO QUE É BOM!

> "Quanto ao mais, irmãos, tudo o que é verdadeiro, tudo o que é honesto, tudo o que é justo, tudo o que é puro; tudo o que é amável, tudo o que é de boa fama, se há alguma virtude, e se há algum louvor, nisso pensai." FILIPENSES 4:8

Em toda a Bíblia, Deus nos diz para fortalecermos a nossa mente ao pensar em coisas que acrescentam vida, e não morte. Isso nada tem a ver com pensamento positivo, sendo, de fato, a capacidade de profetizar as verdades e as vitórias bíblicas. A sua mente tem poder e deve ser usada para pensar, meditar e viver a Palavra de Deus. É isso que traz crescimento e permite que experimentemos o mover do Senhor na nossa vida.

Será ATRAVÉS DA PALAVRA de Deus que estaremos SEGUROS na jornada que faremos.

22º DIA

FIRMES NA PALAVRA

"E os que estão junto ao caminho são aqueles em quem a palavra é semeada; mas, tendo eles a ouvido, vem logo Satanás e tira a palavra que foi semeada no coração deles."

MARCOS 4:15

Jesus contou a parábola do homem que saiu para semear. O pregador, que era Cristo, estava ensinando as pessoas, e a semente, que é a Palavra dEle, caiu em vários tipos de coração. Ela foi recebida e plantada, mas Satanás a tirou de dentro da mente deles, para que não frutificassem. Ou seja, o diabo ataca a mente humana e rouba a Palavra. Essa é uma certeza que temos.

Satanás pode entrar na mente humana? Ele sabe o que estamos pensando? Não, mas ele pode roubar a Palavra que já está dentro de nós. Como? Uma pessoa que não conhece a Cristo entra pela primeira vez na igreja, é tocada pelo Espírito Santo, acredita que mudará de vida, vai à frente e aceita a Jesus como Senhor e Salvador, mas, ao retornar para casa, dá de cara com o cônjuge debochando da sua crença

87

nas palavras daquele "pastor picareta". Não pense que Satanás aparecerá fantasiado de vermelho, com chifre, tridente e rabo para alguém que acabou de aceitar a Cristo e arrancará a Palavra do coração dessa pessoa. Com todo respeito, não imagine algo assim.

Só existe uma coisa que mata o nosso relacionamento com Deus: a dúvida. Você acha que dentro de uma igreja lotada não existem pessoas mergulhadas em um mar de dúvidas? Por que existem os que jejuam e os que não jejuam? Porque estão com dúvida. Por que existem os dizimistas e os que não praticam esse princípio? Porque também têm dúvida.

Satanás sempre usará alguém para gerar dúvida, pois ela mata a Palavra que foi semeada. Não podemos ser crentes descrentes, como aqueles que não conseguem ter fé em um profeta, na salvação, na libertação, na cura, na vida de santidade. Isso é ter uma mente indecisa, fraca e doente.

A igreja está cheia de pessoas sem fé, que estão cegas pelos deuses deste século: a televisão, a internet, a opinião pública, recursos que têm matado a fé das pessoas. A Bíblia diz que a falta de fé é resultado de uma mente cauterizada, que já se acostumou com o mundanismo, que não se choca nem se revolta mais. Essa mente precisa ser renovada em Cristo Jesus.

A fé é algo que também passa pela mente, por isso precisamos fortalecê-la, enchê-la daquilo que é bom, puro e agradável a Deus, para não nos tornarmos religiosos.

"Porque a palavra de Deus é viva, e eficaz, e mais penetrante do que qualquer espada de dois gumes, e penetra até à divisão da alma, e do espírito, e das juntas e medulas, e é apta para discernir os pensamentos e intenções do coração." HEBREUS 4:12

A Palavra de Deus penetra onde nada pode penetrar e tem poder para trazer libertação. É luz para os nossos pés e lâmpada para o nosso caminho, e com ela estaremos seguros na jornada que faremos.

Conheça o CARÁTER de Deus, e você não vacilará na FÉ.

23º DIA

UMA MENTE FORTE

"Tenho-vos dito isso, para que em mim tenhais paz; no mundo tereis aflições, mas tende bom ânimo; eu venci o mundo."

JOÃO 16:33

Jesus nos alerta que teremos aflições; não há como escapar disso. Talvez você tenha ouvido falar que quem serve a Deus está isento de problemas e aflições, mas a verdade é que eu, você e todos os que estão no mundo viveremos aflições. Todo mundo passa por aflição, mas uns são mais atingidos na mente do que outros. O grande problema da aflição é o dano que ela causa na nossa mente, por isso precisamos protegê-la, para não nos tornarmos vulneráveis no dia da aflição.

O que realmente importa são as atitudes que tomamos no momento em que a aflição tenta atingir a nossa mente. Quando isso acontece, alguns decidem orar e jejuar muito mais, mergulham na Palavra de Deus, nas promessas dEle, e enchem-se de fé, o que faz com que atravessem tudo sem arranhões. Outros têm uma mente vulnerável e se afundam no problema. Uns saem mais fortes, e outros, destruídos.

Todas as pessoas querem conquistar coisas grandes, mas poucas conseguem. Por quê? No meio de uma conquista, sempre existirá um caminho com problemas, lutas e aflições, então tudo depende da postura com a qual os encaramos. Para conquistar coisas grandes, é preciso enfrentar problemas, dificuldades e aflições igualmente grandes.

Assim foi com José. Quantas aflições ele sofreu, que caminho duro precisou percorrer até experimentar a concretização da promessa. Porém, ele tinha uma mente forte e não vacilou, porque conhecia o caráter de Deus, que jamais mentiu. O grande problema das pessoas que não alcançam projetos é não conhecerem a essência do caráter de Deus, que é incorruptível, fiel e sempre justo. Com Abraão também foi assim. Para ele, Deus tinha pensamentos muito grandes, assim como havia desafios proporcionais ao tamanho dessa conquista.

Sempre teremos desafios proporcionais ao tamanho daquilo que queremos conquistar. A sua mente está preparada para isso? Talvez não. Mas, por estar lendo este livro, você já se mostra interessado em aprender como fortalecê-la, e esse é um grande passo.

Precisamos reconhecer que Deus nunca nos pedirá algo que já não tenhamos para entregar. Nesse caminho da conquista, é fácil a nossa mente se embaralhar. Por isso, conhecer o caráter do Deus que lhe fez a promessa é fundamental. Abraão entendia bem isso.

"E disse Abraão a seus moços: Ficai-vos aqui com o jumento, e eu e o moço iremos até ali; e, havendo adorado, tornaremos a vós." GÊNESIS 22:5

Abraão estava prestes a sacrificar o único filho, Isaque, e essas foram as palavras que disse: "Depois de adorarmos a Deus, voltaremos."

> "Pela fé, ofereceu Abraão a Isaque, quando foi provado, sim, aquele que recebera as promessas ofereceu o seu unigênito. Sendo-lhe dito: Em Isaque será chamada a tua descendência, considerou que Deus era poderoso para até dos mortos o ressuscitar." HEBREUS 11:17-18

Nem que tivesse que ressuscitar Isaque, Deus cumpriria a promessa feita a Abraão. Esse é o caráter de Deus. Glórias a Ele por isso! Precisamos crer que Deus é poderoso e cumprirá tudo que nos prometeu.

Para termos uma mente forte, precisamos conhecer o caráter de Deus. O contrário de uma mente forte é uma mente passiva, que não reage às informações recebidas. Um exemplo é participar de dias de fé e milagre e não viver nenhuma mudança. Quando lemos ou ouvimos algo que deveria produzir mudança e ela não acontece, é porque a recebemos com uma mentalidade passiva. Alguns ainda dizem que, se é preciso enfrentar um problema para se tornar grande, preferem continuar pequenos, e não há nenhum problema nisso: essas pessoas viverão uma vida simples, multiplicarão segundo a própria capacidade e Jesus voltará para elas. Porém, os que querem conquistar coisas grandes não podem ter uma mente passiva. É preciso ler, ouvir e colocar em prática o que estamos aprendendo.

> "Todo aquele, pois, que escuta estas minhas palavras e as pratica, assemelhá-lo-ei ao homem prudente, que edificou a sua casa sobre a rocha.

E desceu a chuva, e correram rios, e assopraram ventos, e combateram aquela casa, e não caiu, porque estava edificada sobre a rocha. E aquele que ouve estas minhas palavras e as não cumpre, compará-lo-ei ao homem insensato, que edificou a sua casa sobre a areia. E desceu a chuva, e correram rios, e assopraram ventos, e combateram aquela casa, e caiu, e foi grande a sua queda." MATEUS 7:24-27

Pare de deixar a sua mente vagando. Domine-a, e serão grandes as suas vitórias e conquistas.

Ter uma mente FORTE é ser FOCADO no propósito.

24º DIA

FOCO NO PROPÓSITO

"[...] porque faz que o seu sol se levante sobre maus e bons e a chuva desça sobre justos e injustos."

MATEUS 5:45

As oportunidades surgem para todos. Você tem todas as oportunidades que qualquer outra pessoa recebe: se alguém tem uma grande empresa, você também pode ter; se alguém ocupa uma alta posição, você também pode ocupar; se alguém tem uma grande carreira, você também pode ter. Agora, responda-me: você disse "amém" enquanto lia isso? Provavelmente não, porque os seus olhos passaram por estas linhas, mas a sua mente não acreditou nessas palavras. Mas insisto e repito: todas as pessoas têm as mesmas oportunidades.

O grande entrave é que vivemos nos deparando com pessoas que insistem em dizer que não podemos fazer algo – e preferimos acreditar nelas a acreditar em Deus. Outra situação muito comum entre os cristãos é, depois de se converterem, viverem esperando que Deus faça tudo por eles. Já o ímpio, que não espera a ajuda de ninguém, vai à luta e prospera.

> "E louvou aquele senhor o injusto mordomo por haver procedido prudentemente, porque os filhos deste mundo são mais prudentes na sua geração do que os filhos da luz." LUCAS 16:8

Você elogiaria o injusto mordomo? Os ímpios são mais prudentes que os cristãos, aqueles que receberam Cristo no coração. Jesus quis dizer, com esse texto, que o ímpio trabalha com muito mais foco, se esforça e acredita que vai vencer – então vence. Muitos empresários cristãos preferem contratar funcionários mundanos em vez dos próprios irmãos de fé, porque os crentes são considerados folgados e indisciplinados, irreverentes e desorganizados, como filhos mimados, por isso Jesus disse que o ímpio é mais esforçado e prudente.

Ter uma mente forte é ser focado no propósito. Proteja a sua mente contra o cansaço e não tome decisões quando a sua mente estiver cansada. Não tome decisões em períodos de desgaste e sob pressão. Ninguém tem o direito de nos pressionar a fazer algo cuja consequência cairá sobre nós. Precisamos manter o foco, porque durante o percurso da conquista sempre existirão dificuldades, problemas e aflições. Por isso, não devemos colocar o foco nas situações e nas circunstâncias, e sim no alvo.

Se o ímpio prosperou, nós, unidos ao Senhor Deus, temos muitas chances de vencer, basta não nos acomodarmos e mantermos o foco no propósito. Não desista, não pare nem retroceda, pois o seu Deus irá à frente, aplainando o caminho. Ele endireitará o caminho que o levará à vitória.

FOCO NO PROPÓSITO

> "Não te deixes vencer do mal, mas vence o mal com o bem." ROMANOS 12:21

O mal não vencerá. Todo pensamento negativo é só um pensamento, e os vencemos com ideias do bem.

> "Aquele que nem mesmo a seu próprio Filho poupou, antes, o entregou por todos nós, como nos não dará também com ele todas as coisas?" ROMANOS 8:32

Nunca se esqueça de que todo problema passa, por isso o nosso foco não pode sair daquilo que queremos conquistar. Tudo acontece através de uma mente e de fé igualmente fortes.

Nossa MENTE vive entre o ESPÍRITO e o CORPO, por isso ela precisa estar em OBEDIÊNCIA A CRISTO.

25º DIA

EM OBEDIÊNCIA

"Destruindo os conselhos e toda altivez que se levanta contra o conhecimento de Deus, e levando cativo todo entendimento à obediência de Cristo."

2 CORÍNTIOS 10:5

A situação que vou compartilhar agora é comum na vida de quem é ministro do Evangelho. Um pastor está se dedicando a preparar uma palavra para pregar no culto, por isso ele ora, busca a Deus e recebe uma direção, uma revelação daquilo que o Senhor quer falar à Igreja. Um dia antes, o filho dele adoece, e todos passam a noite em claro. Ao amanhecer, a esposa decide fazer algumas mudanças na casa e o coloca para trabalhar em algo muito pesado. Na igreja, com sono e desgastado fisicamente, a pregação não é boa, e a palavra não flui como deveria. Obviamente, o pastor se sentiu ainda mais cansado e frustrado. Por quê? Porque ele estava fisicamente cansado e com a mente desgastada.

É claro que Deus não depende de homem algum para se manifestar. Nós recebemos a revelação dEle no nosso espírito, mas, para que ela chegue até a congregação, até as pessoas, precisa passar pela nossa mente até ser verbalizada e se tornar inteligível. Toda a nossa comunicação surge de uma conexão formada pelo nosso espírito, pela nossa alma e pelo nosso corpo. No nosso espírito, está tudo bem, mas, quando chega o momento de a alma verbalizar pela fala, a nossa mente precisa estar descansada, para não obstruir o processo.

A nossa mente vive entre o espírito e o corpo, por isso precisa estar em obediência a Cristo, debaixo do senhorio dEle. Mas, infelizmente, ela sempre tentará tomar as rédeas de tudo, ser aquela que comanda, que dita as direções e as decisões, porque nunca quer se sujeitar ao espírito.

Paulo fala sobre essa batalha entre a alma e o espírito:

"De maneira que, agora, já não sou eu que faço isto, mas o pecado que habita em mim. Porque eu sei que em mim, isto é, na minha carne, não habita bem algum; e, com efeito, o querer está em mim, mas não consigo realizar o bem. Porque não faço o bem que quero, mas o mal que não quero, esse faço. Ora, se eu faço o que não quero, já o não faço eu, mas o pecado que habita em mim." ROMANOS 7:17-20

Quando somos governados pela alma, praticamos ações independentes, e aí surgem os superespirituais, que acreditam estarem sendo dirigidos pelo espírito, mas estão vivendo experiências intensas na carne, na mente. Só alcançamos vitória quando somos governados pelo espírito e quando a alma está totalmente cativa ao senhorio de Cristo. Não deixe a sua alma cometer ações independentes do espírito.

Certa vez, dirigido pelo Espírito Santo, avisei a todos que no próximo culto trouxessem uma cópia do contrato, do carnê, da promissória de algo que estavam pagando, pois sobre eles eu derramaria óleo consagrado orando a Deus para que abreviasse o tempo da vitória, fizesse o sobrenatural e agisse com poder na quitação daquelas dívidas. Todos os membros aplaudiram a direção, concordaram com o ato profético e se prontificaram a voltar com os documentos. Uma semana se passou até esse retorno, e, óbvio, a mente e a alma de cada um entrou em ação. Começaram os questionamentos de como aquilo ia acontecer: como algo tão caro poderia ser quitado por Deus, se restavam ainda tantas prestações para serem pagas. Assim, pouquíssimas pessoas retornaram com o documento, pois as que retrocederam, infelizmente, continuavam sendo dirigidas pela mente.

Devemos crer na Palavra de Deus, por isso Paulo diz que devemos estar cativos em obediência a Cristo, para que a nossa mente não nos derrube. Quem é obediente a Deus não questiona. Pode até parar para pensar, mas, mesmo assim, opta por obedecer.

Fé é algo muito mais racional do que sentimental, necessita entendimento para que possa ser exercida. No campo do sobrenatural, a nossa mente sempre quer operar no modo lógico, porém a fé, apesar de precisar de inteligência, sempre será algo ilógico. Quando passamos a dar ouvidos a uma mente que ainda não está cativa a Cristo, matamos a fé, e o sobrenatural nunca acontece. Por isso, existem crentes que nunca viveram uma experiência na dimensão da fé, no sobrenatural com Deus: estão salvos, mas não conhecem o sabor de um milagre. Muitas pessoas se apoderam de um sentimento de que Deus fará, mas não têm o combustível para que isso de fato aconteça.

Esteja sensível às oportunidades e aplique a fé em Cristo. Você viverá grandes milagres!

EM OBEDIÊNCIA

Glorificamos a Deus com a solução dos problemas **mais difíceis**.

26º DIA

POR QUE OS PROBLEMAS ACONTECEM?

"Mas tu, ó homem de Deus, foge destas coisas e segue a justiça, a piedade, a fé, o amor, a paciência, a mansidão."

1 TIMÓTEO 6:11

Eu sei que não é nada agradável se deparar com uma situação difícil, mas precisamos crer que Deus é o Senhor da nossa vida e permite que as adversidades surjam para nos ensinar algo e extrair de nós pelo menos três entendimentos acerca de cada um deles.

A nossa primeira compreensão deve ser a de que esse problema não veio para destruição, e sim para se transformar em um grande milagre. Quando Moisés foi levantado por Deus para retirar todo o povo que era escravizado no Egito, era fato que ele tinha uma grande missão para cumprir e que essa situação provavelmente causaria um grande desgaste físico e emocional. Mas esta era a vontade do Senhor: libertá-los e ainda fazê-los prosperar.

Uma grande responsabilidade pairava sobre os ombros desse líder. Guiado pela mão forte de Deus, ele saiu para cumprir o Seu propósito. Quando conseguiram sair do Egito e começaram a jornada de libertação, Deus mandou um novo recado:

> "E eu endurecerei o coração de Faraó, para que os persiga, e serei glorificado em Faraó e em todo o seu exército; e saberão os egípcios que eu sou o Senhor. E eles fizeram assim." ÊXODO 14:4

Deus mandou Moisés e o povo começarem a caminhar – mas, em seguida, apareceu um novo problema. Apesar de Faraó os ter liberado, o coração dele foi novamente endurecido. Então, irado com a perda dos escravos, mandou que todo o exército fosse atrás deles e os capturasse.

Essa situação tinha um propósito arquitetado pelo próprio Deus, que cooperaria para o bem de Moisés e dos liderados: ela se transformaria em um grande milagre. Faraó teve o coração endurecido para que corresse atrás do povo e o Senhor pudesse revelar toda a glória dEle, defendendo-os.

Seguindo essa mesma lógica, todo problema, seja familiar, financeiro, ministerial ou físico, tem como objetivo mudar uma grave situação através de um grande milagre, para que o nome do Deus Todo-Poderoso seja glorificado.

> "E não somente isto, mas também nos gloriamos nas tribulações, sabendo que a tribulação produz a paciência; e a paciência, a experiência; e a experiência, a esperança.

E a esperança não traz confusão, porquanto o amor de Deus está derramado em nosso coração pelo Espírito Santo que nos foi dado." ROMANOS 5:3-5

O resultado? Todos conhecerão o Deus a quem você tem servido, e Ele será glorificado através da sua vida. Este é o propósito dos problemas que temos enfrentado: glorificar a Deus com a solução das situações mais difíceis, ter as circunstâncias transformadas e poder dizer que todas as coisas, até mesmo as mais terríveis, cooperaram para o nosso crescimento e a nossa abundância.

Outra perspectiva que devemos adotar em relação aos nossos problemas é de que todos eles servem para expor o nosso potencial e mudar a nossa mente. Existe um ditado popular que diz: "Quanto mais mexe, mais fede". E era exatamente isso que o povo estava sentindo naquele momento.

"E disseram a Moisés: Não havia sepulcros no Egito, para nos tirares de lá, para que morramos neste deserto? Por que nos fizeste isto, que nos tens tirado do Egito? Não é esta a palavra que te temos falado no Egito, dizendo: Deixa-nos, que sirvamos aos egípcios? Pois que melhor nos fora servir aos egípcios do que morrermos no deserto." ÊXODO 14:11-12

O povo disse a Moisés que melhor seria tê-los deixado no Egito, como escravos, do que fazê-los passar por aquela perseguição. Entretanto, é no meio das maiores crises que surgem as mais brilhantes ideias. Esse problema que você está atravessando hoje serve justamente para expor o potencial que está guardado dentro de você. Não tenha medo! Você pode pensar que chegou ao fundo do poço, que não há mais saída, mas creia que Deus fará dessa situação uma alavanca para jogar você para cima.

É em momentos como esses que colocamos a nossa total dependência no Senhor, que descobrimos talentos e dons que jamais imaginamos ter. Em momentos de desemprego, quando começa a faltar o mantimento para os nossos filhos, nos tornamos os melhores e mais capacitados vendedores, achamos algo inusitado para começar a produzir e comercializar. Do fundo de um poço e através da sua fé, Deus pode reerguê-lo e fazer de você uma pessoa altamente bem-sucedida.

Existe um grande problema na sua vida neste momento? Pare e pense o que você pode extrair de bom disso tudo.

> PENSAR GRANDE é a natureza de Deus manifestada na SUA MENTE.

27º DIA

INTELIGÊNCIA ESPIRITUAL

> […] (Como está escrito: Por pai de muitas nações te constituí.), perante aquele no qual creu, a saber, Deus, o qual vivifica os mortos e chama as coisas que não são como se já fossem."
>
> ROMANOS 4:17

Não existe nada mais difícil na mente humana do que fazê-la usar a fé. A nossa mente quer viver pela lógica e pela razão, mas a fé opera em outra dimensão. Como explicar para a nossa mente a multiplicação dos pães e dos peixes? Como explicar que Jesus andou sobre as águas? Realmente é algo impalpável, que só compreende quem tem fé.

No Canadá, existe uma torre muito alta, da qual é possível visualizar toda a cidade de Toronto. Uma parte do piso é de vidro, então é possível enxergar o chão, a rua, e é engraçado ver a reação das pessoas: algumas seguem caminhando desatentamente e, quando vão colocar os pés sobre o piso transparente, param e recuam. A mente dá a essas pessoas a informação de que colocar os pés ali é arriscado e que é melhor não continuar andando, sem considerar que aquele vidro é seguro e não há perigo de andar sobre ele.

A fé também não tem explicação, por isso a nossa mente se opõe a usá-la. Existem pessoas que são comandadas pelos pensamentos e sofrem angústias que não existem, vivem doenças irreais, sentem dores, dormências, falta de ar; mesmo estando com todas as funções físicas em normalidade, fantasiam problemas que nunca existiram, porque são escravas de uma mente doente. Você conhece alguém assim?

Da mesma maneira, quando vamos usar a fé, a nossa mente nos diz que não vale a pena, que não existe uma saída para o problema que estamos vivendo e que essa tática não funcionará. Como a nossa mente rejeita o que não é racional, ela se opõe à fé. Se queremos viver o sobrenatural, devemos ensinar à nossa mente a Palavra de Deus e recorrer à Bíblia, pois ela é o único recurso que pode fortalecer a nossa mente e fazê-la obedecer às coisas espirituais.

A Bíblia nos afirma que todas as pessoas têm dentro de si uma porção de fé, e é nossa obrigação cultivá-la, protegê-la e fazê-la crescer. E sabemos que a fé vem pelo ouvir, certo? Tudo que ouvimos é encaminhado para a nossa mente, então a semente da fé mora na nossa mente, que é como um solo: pode ser fértil ou improdutivo, próspero ou como uma terra seca e rachada. O problema da nossa vida não é a nossa semente de fé, mas o solo em que ela foi plantada, por isso a nossa terra precisa ser sarada.

Sabe por que algumas pessoas são derrotadas? Porque agem, pensam, falam e reagem como derrotadas. Os vencedores agem de maneira totalmente diferente. Uma mente sem fé sempre pensará em coisas pequenas e viverá preocupada com mesquinharias, enquanto a mente preenchida pela fé se ocupa com coisas nobres.

Antes de Deus criar o homem, Ele projetou e criou a Terra, uma galáxia e o Sistema Solar. Ao criar as cores, Ele poderia ter inventado somente o preto e o branco, mas produziu milhares delas. Tratando-se de aromas, Deus inventou centenas de tipos de cheiros. Ele pensa grande, e podemos constatar isso observando, por exemplo, a enorme quantidade de peixes que existem, quando poderia haver somente um e todos comeriam dele. Deus é grande.

> "Porque os meus pensamentos não são os vossos pensamentos, nem os vossos caminhos, os meus caminhos, diz o Senhor. Porque, assim como os céus são mais altos do que a terra, assim são os meus caminhos mais altos do que os vossos caminhos, e os meus pensamentos, mais altos do que os vossos pensamentos." ISAÍAS 55:8-9

Nós fomos feitos para pensar, então pensemos grande. Pensar grande é a natureza de Deus manifestada na nossa mente. A sua vida mudará no momento em que você começar a pensar grande. Mude a forma como você enxerga os seus problemas, resolva-os e aprenda com eles, para que nunca mais caia na mesma cilada. Se você não se tornar responsável pelo seu sucesso, será o responsável pelo seu fracasso.

Uma mente cheia de fé pertence às pessoas motivadas – e essas pessoas vivem mais, são mais felizes, produtivas e conquistadoras, e vivem muito melhor. Precisamos ter inteligência espiritual, que nada mais é do que a capacidade de entender e viver as coisas espirituais.

A mente natural diz que isso é loucura, mas a inteligência espiritual garante que tudo dará certo. A inteligência espiritual nos ajuda nas tomadas de decisão, porque vivemos buscando respostas para muitas coisas, e algumas são totalmente espirituais.

Uma mente forte sempre estará focada no sucesso, nunca no fracasso.

Precisamos andar em CONCORDÂNCIA e ALINHAMENTO com o nosso propósito.

28º DIA

VOCÊ FOI CRIADO PARA ALGO!

"Porque, como imaginou na sua alma, assim é [...]."
PROVÉRBIOS 23:7

Existem as leis naturais e as espirituais; quando as alinhamos, qualquer coisa pode acontecer na nossa vida, desde que tudo esteja no centro do nosso propósito. Não adianta respeitarmos as leis naturais e burlamos as espirituais, e vice-versa. Tudo precisa estar em concordância e alinhamento.

> "E sabemos que todas as coisas contribuem juntamente para o bem daqueles que amam a Deus, daqueles que são chamados por seu decreto." ROMANOS 8:28

O apóstolo Paulo diz que todas as coisas são favoráveis para nos abençoar. Tudo que existe – a nossa família, a nossa casa, o nosso trabalho, a nossa igreja, o bom e o ruim, o certo e o errado –, tudo trabalha para o nosso bem. Para isso acontecer, precisamos estar no centro do propósito de Deus.

É certo que Deus tem o controle de todas as coisas. Precisamos crer nisso, o que pode ser um problema para os cristãos acomodados, que se sentam e vivem esperando as coisas acontecerem e não têm coragem para nada. Deus tem o controle de todas as coisas, mas Ele não está no controle de todas as coisas o tempo todo, porque, se assim fosse, até a roupa que você está vestindo teria sido escolhida por Ele, assim como o trajeto que você percorre até o seu trabalho, com quem você deveria conversar ou não. Sabemos que não é assim.

Deus tem o controle, mas não controla todas as coisas, porque Ele nos deu o poder para tomarmos as nossas próprias decisões, e intervém somente quando é necessário. Porém, se decidirmos andar fora do propósito dEle, Ele não pode fazer absolutamente nada.

Sendo assim, o primeiro passo é buscar e conhecer o propósito de Deus para nós. Se Deus nos chamou para ser pai ou mãe, que sejamos os melhores. Como cônjuges, também devemos ser os melhores. Se nos chamou para sermos empregados, sejamos também os melhores. Mas, se o nosso propósito é sermos patrões, devemos ser extremamente bons, porque, enquanto estivermos no centro da vontade de Deus, todas as coisas trabalharão para prosperarmos.

Quando Deus mandou o povo entrar na Terra Prometida, eles disseram que não iriam, porque os gigantes que lá viviam os viam como gafanhotos e acabariam com todos eles. Na realidade, eram eles mesmos que se viam assim; então, sem superar essa condição, morreram sem experimentar a promessa.

Algumas pessoas sonham em viver o matrimônio, mas não se veem casadas porque se acham feias, erradas, porque não são mais

VOCÊ FOI CRIADO PARA ALGO! **109**

virgens ou por não terem dinheiro para manter uma casa. Desejam, mas a mente delas não corresponde a esses sonhos.

Já aconteceu alguma coisa ruim com você e, na mesma hora, veio este pensamento: "Eu sabia que isso ia acontecer"? Não fique chateado nem com raiva de mim, mas tenho absolutamente certeza de que sim. Você é o que está na sua mente.

> "Porque o que eu temia me veio, e o que receava me aconteceu." JÓ 3:25

Viver de pensamentos positivos não resolve a vida de ninguém. O que nos ajuda a vencer e crescer são os nossos pensamentos dominantes, porque é no curso deles que a nossa vida segue. Não tenha mais medo de ter medo.

Se uma pessoa tem medo da solidão, não gosta de estar sozinha e sente-se em pânico com essa possibilidade, com o passar dos anos acaba ficando nessa exata condição. Esse é o pensamento dominante dela, e inconscientemente ela se sabota e começa a ir na direção daquilo que é dominante na vida dela.

Tudo que plantamos, colhemos. Desde um simples sorriso, um ato gentil e amável com as pessoas até se fizermos o contrário, tudo atraímos sobre nós. Por isso, pare de gerar e plantar as coisas que você não quer colher. Reorganize a sua mente. Peça ajuda ao Espírito Santo e saia semeando aquilo que é bom e agradável, porque toda semente sempre volta em forma de colheita.

Todo SENTIMENTO é fruto de um PENSAMENTO.

29º DIA

GUARDANDO A NOSSA MENTE

"Mas aquele que tem dúvidas, se come, está condenado, porque não come por fé; e tudo o que não é de fé é pecado."

ROMANOS 14:23

Quais são os pensamentos e a visão que você tem a respeito de si mesmo? A visão que você tem a seu respeito é a direção para a qual você está caminhando. Se nos sentimos gordos, baixos, chatos, feios, achamos que ninguém gosta de nós e que estamos sempre sendo excluídos, são esses pensamentos que nos governam. Comece a pensar que você é próspero e carismático, que as portas sempre se abrirão, e assim será.

Se entendêssemos que há poder nos nossos pensamentos, passaríamos o dia só cuidando deles, selecionando e filtrando cada um. Todo mundo tem uma visão sobre si mesmo, sobre a própria vida financeira, sobre o casamento. Na Bíblia, várias vezes Deus pergunta ao homem o que ele está vendo, mas nem toda visão mostrada por Ele significa que estamos vendo exatamente o que Ele quer que vejamos. No Novo Testamento, Deus quis que os gentios, aqueles que não eram judeus, também fossem evangelizados, salvos, batizados e cheios do Espírito Santo, então mostrou para o apóstolo Pedro uma visão que representaria isso.

> "E viu o céu aberto e que descia um vaso, como se fosse um grande lençol atado pelas quatro pontas, vindo para a terra, no qual havia de todos os animais quadrúpedes, répteis da terra e aves do céu. E foi-lhe dirigida uma voz: Levanta-te, Pedro! Mata e come. Mas Pedro disse: De modo nenhum, Senhor, porque nunca comi coisa alguma comum e imunda. E segunda vez lhe disse a voz: Não faças tu comum ao que Deus purificou. E aconteceu isto por três vezes; e o vaso tornou a recolher-se no céu." ATOS 10:11-16

Deus disse que Pedro deveria comer alguns animais considerados impróprios para consumo naquele tempo, porque aquilo que não era usual, passaria a ser a partir daquele momento. Os gentios que não eram filhos, pela morte de Cristo deveriam ser ganhos, mas Pedro entendeu que Deus estava falando com ele sobre o pecado. As imagens na mente de Pedro fizeram com que ele interpretasse mal a visão e o propósito de Deus. Então, Deus recolheu a visão que havia dado a Pedro e ele não se tornou o apóstolo dos gentios, sendo transferida para Paulo essa função.

Qual é a melhor maneira de conhecermos o propósito do Senhor para nós? Pela Bíblia, pela Palavra dEle, pelos princípios dEle, assim

112   40 DIAS DE FÉ E MILAGRES

como pela vontade, pela mente e pelos propósitos dEle, e então seremos conhecedores da visão que Ele tem para nós. Deus não tem visões negativas e problemáticas a nosso respeito, Ele não preparou tudo para que morrêssemos sozinhos, para que lutássemos sem nunca vencer, nem para que a doença fosse nossa companhia constante.

Carregamos uma cultura cristã errada, que nos incita a pensarmos que o natural é vivermos constantemente rodeados de lutas, problemas e provas. É claro que passamos por situações difíceis, mas elas precisam ser passageiras, e não eternas, e ao as atravessarmos chegamos vitoriosos e muito mais fortalecidos na fé. É assim que deve ser, desfrutando de tempos de vitória, colheita e abundância. Isso é uma vida cristã normal. Por isso, é tão importante termos os pensamentos corretos, para desfrutarmos da visão certa de Deus para a nossa vida.

"Sobre tudo o que se deve guardar, guarda o teu coração, porque dele procedem as saídas da vida." PROVÉRBIOS 4:23

Todo sentimento é fruto de um pensamento. Nunca sentimos algo para só depois pensar a respeito, não é essa a ordem natural. Primeiro, surge o pensamento, para depois acontecer o sentimento. Todos os nossos sentimentos são apenas o reflexo de um pensamento. Todo pensamento gera uma visão, e toda visão nos faz caminhar nela.

Se você tem pensamentos maus e fala palavras também más, é muito provável que esteja caminhando em uma estrada de destruição. Volte-se para o Senhor, e Ele endireitará o seu caminho.

Deus tem PENSAMENTOS muito maiores que os nossos, e é nossa responsabilidade CONHECÊ-LOS.

30º DIA

A CAPACIDADE ESTÁ DENTRO DE VOCÊ

"Sobre tudo o que se deve guardar, guarda o teu coração, porque dele procedem as saídas da vida."

PROVÉRBIOS 4:23

Gosto muito desse provérbio. Ele diz que devemos tomar cuidado com tudo que pensamos, porque a nossa vida é dirigida pelos nossos pensamentos. Quando estamos aprendendo determinado assunto e, ainda assim, permanecemos rodeados de dúvidas sobre ele, significa que aquele ensinamento não dará certo, ou seja, não será colocado em prática, não será levado adiante.

O nosso relacionamento com Deus é baseado na fé. Nos relacionamos com Ele simples e basicamente pela fé, por isso não é possível que façamos algo com Deus, por Ele ou para Ele, se não for através da fé. Assim, não adianta tentarmos praticar aquilo em que temos dúvida.

A dúvida é uma das maiores armas de Satanás, que anula e desativa a nossa fé e não nos deixa compreender os princípios da Palavra de

Deus. Lançar dúvida na raça humana foi a primeira ação de Satanás, que disse para Eva que ela poderia comer o fruto da árvore proibida. Ela ficou em dúvida, e isso a fez pecar. Ter uma mente dúbia e indecisa é um grande problema, porque tudo que não entendemos e não está claro para nós jamais funcionará. A dúvida mata a fé e destrói os princípios de Deus, não permite que creiamos e muito menos que entendamos as leis do Senhor.

Gostaria de falar um pouco sobre a lei da atração – que não tem nada de mística e é a responsável por tudo que atraímos, pelo que acontece através das imagens que armazenamos na nossa mente. Deus nos criou como seres visuais, então tudo que falamos, vivemos, pensamos e ouvimos cria uma imagem na nossa mente. Somos hábeis armazenadores de imagens traumáticas do nosso passado; guardamos todo tipo de fracasso, de situações malsucedidas, e caminhamos sempre em direção a essas imagens, no rumo delas.

Você já ouviu a história de alguém que era muito pobre, não teve pai, mãe, família, nem oportunidades, não pôde estudar e, mesmo assim, se tornou um grande empresário, dono de grande fortuna ou até mesmo um político de renome? Como pode? Será sorte? Será uma predileção do próprio Deus? Como essas pessoas conseguem isso? A resposta é: através do poder da decisão, que é criado na mente e muda qualquer história. É o poder da decisão que leva uma pessoa a ser focada, a estudar, a querer melhorar de vida e inventar algo que nunca existiu. A mente humana é o maior poder que Deus já deu ao homem.

As decisões também são baseadas em pensamentos, por isso o que está armazenado na nossa mente tem o poder de nos levantar ou nos carregar para o abismo. Há algum tempo, atendi no meu gabinete um homem que tinha somente 30% do funcionamento dos pulmões e, mesmo assim, não aceitava largar o cigarro. Ele foi avisado pelos

A CAPACIDADE ESTÁ DENTRO DE VOCÊ **115**

médicos que o fim estava próximo, caso não largasse o vício, mas afirmava que preferia morrer aos poucos e continuar fumando. Foi uma decisão de morte que saiu de um pensamento que estava dirigindo a vida daquele homem. Não foi Deus que nos colocou na posição que ocupamos hoje, seja de fracasso ou de sucesso, muito menos o Diabo, e sim as nossas decisões.

Tudo foi criado por Deus a partir da Palavra, e as palavras são o reflexo, a materialização dos nossos pensamentos. Mesmo Ele sendo Deus e tendo poder absoluto para criar todas as coisas, também usou a fala para concretizar o projeto de criação. E nós temos a natureza dEle.

> "Pelas quais ele nos tem dado grandíssimas e preciosas promessas, para que por elas fiqueis participantes da natureza divina, havendo escapado da corrupção, que, pela concupiscência, há no mundo." 2 PEDRO 1:4

Temos promessas para que possamos fazer parte da natureza divina porque somos a imagem e a semelhança dEle, e em nós também existe o poder da criação. Quem inventou a luz elétrica? Foi Deus ou foi o homem? E o telefone, o carro, as naves para irmos até o espaço, o relógio? Deus colocou em nós o poder da criação, e tudo que pensamos podemos trazer à existência. A criação da lâmpada, por exemplo, começou na mente do inventor.

A oração e a fé também nascem na nossa mente, assim como a doença e a pobreza, porque atraímos exatamente o que tem dominado nosso pensamento.

> "Porque os meus pensamentos não são os vossos pensamentos, nem os vossos caminhos, os meus caminhos, diz o Senhor. Porque, assim como os céus são mais altos do que a terra, assim são os meus caminhos mais altos do que os vossos caminhos, e os meus pensamentos, mais altos do que os vossos pensamentos." ISAÍAS 55:8-9

Deus tem pensamentos muito maiores que os nossos, e é nossa responsabilidade conhecê-los. Na Palavra, Ele diz do que gosta, do que não gosta, o que aprova ou não, como nos vê e o que pensa a nosso respeito, e nisso vemos que não somos qualquer coisa, mas sim temos um propósito, e a natureza divina nos permite criar e decidir pelas coisas certas através da Palavra. Você não é qualquer pessoa, por isso pare de viver uma vida miserável e comece a experimentar o sobrenatural.

VOCÊ PODE qualquer coisa!

31º DIA

ACREDITE EM VOCÊ!

"Porque as armas da nossa milícia não são carnais, mas, sim, poderosas em Deus, para destruição das fortalezas; destruindo os conselhos e toda altivez que se levanta contra o conhecimento de Deus, e levando cativo todo entendimento à obediência de Cristo."

2 CORÍNTIOS 10:4-5

Se tivermos os mesmos pensamentos de Deus, aquilo que estiver no nosso coração poderá ser atraído pela fé. O que está na nossa mente é o que será atraído por nós e o que nos tornaremos. Não permita que, ao fechar este livro e sair para a sua rotina rodeada por problemas, esses ensinamentos fiquem distantes, porque a sua mente consegue derrubar todas as verdades de Deus, fazendo com que você profetize palavras de morte com base na sua realidade.

"A morte e a vida estão no poder da língua: e aquele que a ama comerá do seu fruto." PROVÉRBIOS 18:21

O segredo é dominarmos nossos pensamentos e a nossa língua. Deus nos deixou armas espirituais, que são a oração, a fé, o jejum e a Palavra. Elas devem ser usadas para destruir as fortalezas que destroem os sábios conselhos que estão armazenados na nossa mente. Outra ferramenta que Deus estabeleceu e faz a nossa vida seguir em frente é o perdão. E só tem um coração perdoador quem não é altivo nem arrogante.

A mente altiva é muito perigosa e se levanta contra o próprio Deus, contra a instrução dEle, mas Cristo pode manter a nossa mente cativa nEle por meio das armas espirituais. É comum ouvirmos histórias de pessoas que passaram por um grande sofrimento, como uma traição ou a morte violenta de um ente querido, e logo depois foram diagnosticadas com câncer. A maioria das histórias de pacientes de câncer vem precedida de uma tragédia. Muitos médicos dizem que a maioria dos cânceres são doenças psicossomáticas que foram criadas na mente dominada por pensamentos de vingança, ira e morte, pois, infelizmente, é isso que elas atraem.

> "[...] porque faz que o seu sol se levante sobre maus e bons e a chuva desça sobre justos e injustos." MATEUS 5:45

Se estivermos dentro do propósito de Deus, tudo que a nossa mente pensar poderá acontecer. Como saber se estamos vivendo dentro desse propósito? Você está em pecado? Lê a Bíblia, ora, frequenta com amor e dedicação a sua igreja? Então você está dentro do propósito dEle, e aquilo que você estiver pensando será atraído até você.

Será que existe um meio humano para provarmos tudo isso? Provavelmente não. E como funciona a oração? Ela pode ser explicada? Creio que também não. Oramos apenas porque cremos.

ACREDITE EM VOCÊ! **119**

> "E, havendo tomado o livro, os quatro animais e os vinte e quatro anciãos prostraram-se diante do Cordeiro, tendo todos eles harpas e salvas de ouro cheias de incenso, que são as orações dos santos." APOCALIPSE 5:8

O livro de Apocalipse diz que no céu existe uma taça cheia com as nossas orações. A Bíblia diz que devemos orar com fé, e assim o que pedirmos acontecerá. Isso também não tem explicação, como a lei da atração – algo que vivemos diariamente, atraindo o que é bom assim como o que é mal, dependendo do foco da nossa mente. Outra grande verdade é que não significa que aquilo que falamos é o que realmente domina a nossa mente. Podemos dizer certas coisas e o nosso pensamento dominante não ser exatamente o mesmo. Podemos repetir as palavras que o pastor diz, mas será que cremos em cada uma delas no nosso espírito?

> "E Jesus, respondendo, disse-lhes: Tende fé em Deus, porque em verdade vos digo que qualquer que disser a este monte: Ergue-te e lança-te no mar, e não duvidar em seu coração, mas crer que se fará aquilo que diz, tudo o que disser lhe será feito. Por isso, vos digo que tudo o que pedirdes, orando, crede que o recebereis e tê-lo-eis." MARCOS 11:22-24

Passe a acreditar naquilo que você diz, não no que domina a sua mente, e faça com que ela creia nos princípios de Deus. Há poder no que dizemos, então devemos tomar cuidado com cada uma das nossas palavras, porque é isso que temos atraído.

> "E Jesus disse-lhe: Se tu podes crer; tudo é possível ao que crê." MARCOS 9:23

> A FÉ NASCE como uma semente pequena que, depois de ser cuidada, se TORNA uma árvore GRANDE.

32º DIA

UM DEUS DE SONHOS E VISÕES

> "Pede-me, e eu te darei as nações por herança e os confins da terra por tua possessão."
>
> SALMOS 2:8

Deus nos criou como seres visuais, por isso criamos imagens mentais todo o tempo. Se você estiver com muita fome e com vontade de comer pizza, consegue imaginá-la com perfeição: o queijo derretido, os tomates, o orégano, consegue pensar até no entregador chegando na porta da sua casa. Essas visualizações devem ser usadas para o nosso benefício, e não para nos amaldiçoar. Toda lei funciona tanto do lado negativo quando do positivo, e nunca devemos nos esquecer disso.

Visualizar é criar uma imagem real, na mente, do que desejamos alcançar no futuro. A primeira conexão para o poder de visualizar está escrita no livro de Hebreus:

> "Ora, a fé é o firme fundamento das coisas que se esperam e a prova das coisas que se não veem." HEBREUS 11:1

Todos nós visualizamos imagens mentais o tempo todo. Por exemplo: um jovem se forma na faculdade de Direito e consegue a sua carteira da Ordem dos Advogados do Brasil. Com esse papel em mãos, ele já se imagina vestindo belos ternos, trabalhando em um importante escritório e defendendo grandes causas que lhe permitirão viver uma vida muito abastada. Outro exemplo: uma mulher vai ao médico e recebe um exame que comprova um câncer. Com esse papel em mãos, ela se vê careca, muito magra e com uma cor estranha, vivendo uma rotina hospitalar muito severa e a morte chegando rapidamente.

O que essas duas pessoas tinham nas mãos? Um simples papel. O que estamos vivendo no mundo natural e real talvez não possa ser mudado, mas as imagens do nosso futuro podem. Foi Deus que colocou na mente desse advogado que ele seria um profissional de sucesso? Não foi Deus nem o Diabo, e sim um terceiro: o próprio homem.

Se produzimos imagens o tempo todo, por que não criamos imagens de sucesso e vitória? A responsabilidade é nossa. O livro de Hebreus diz que a fé é um fato. Um fato já existe ou ainda vai existir? Contra fatos não há argumentos, mas a fé é um fato que não existe. Então, como pode um fato não existir? Fé é criarmos algo na nossa mente que desejamos alcançar no futuro e que, através da oração, do clamor e do jejum, fazemos com que se torne concreto na nossa mente e no mundo espiritual, e apenas nossos olhos naturais ainda não visualizaram.

Entretanto, visualizar não significa estarmos cheios de fé. Todas as vezes que Jesus falava sobre fé, Ele a representava como um grão de mostarda: pequena, que precisa ser plantada e regada para que se

UM DEUS DE SONHOS E VISÕES **123**

torne grande. Quanto tempo isso leva? Na vida de cada um, leva tempos diferentes: para alguns pode ser instantâneo, e para outros, demorar um longo tempo.

Se tivermos uma imagem clara do nosso milagre e do nosso alvo, chegará o momento em que nada nos impedirá de conquistá-los, desde que esse seja o propósito de Deus para a nossa vida. Quando criamos a imagem do nosso milagre, conseguimos extrair virtude de Deus, mas essa imagem precisa ser mais clara do que este livro que está nas suas mãos. E se não der certo? Não se apegue a isso, porque o seu milagre já é um fato, já existe e não pode dar errado.

"Cumprindo-se o dia de Pentecostes, estavam todos reunidos no mesmo lugar; e, de repente, veio do céu um som, como de um vento veemente e impetuoso, e encheu toda a casa em que estavam assentados. E foram vistas por eles línguas repartidas, como que de fogo, as quais pousaram sobre cada um deles. E todos foram cheios do Espírito Santo e começaram a falar em outras línguas, conforme o Espírito Santo lhes concedia que falassem." ATOS 2:1-4

Logo após acontecer o Pentecostes, Pedro saiu do lugar onde estavam reunidos e foi ministrar o mesmo batismo para quem os aguardava do lado de fora. Com base em uma profecia do livro do profeta Joel, Pedro declarou que os jovens teriam visões e que os velhos sonhariam sonhos, ou seja, passariam a criar imagens. Quando o Espírito Santo foi derramado, isso encheu o povo de alegria, assim como entregou sinais, visões e imagens daquilo que poderiam conquistar.

> "E nos últimos dias acontecerá, diz Deus, que do meu Espírito derramarei sobre toda a carne; e os vossos filhos e as vossas filhas profetizarão, os vossos jovens terão visões, e os vossos velhos sonharão sonhos." ATOS 2:17

A linguagem do Espírito Santo acontece através de visões, sonhos, imagens de milagres e do propósito de Deus para cada um de nós. O Espírito Santo veio para nos consolar e nos dar sonhos sobre o que Deus pensa a nosso respeito.

Neste momento, traga na sua mente uma imagem clara do que você deseja conquistar, nas áreas familiar, ministerial, financeira, de tudo que Deus já prometeu a você. Qual é o seu milagre? Imagine-o na sua mente. Quais são os seus sentimentos ao visualizar a concretização dessa promessa?

Deus nunca vai nos expor a algo que não possa cumprir na nossa vida. Ele é poderoso e fiel para nos entregar isso e muito mais – basta que creiamos, que tenhamos todas essas promessas muito claras na nossa mente e estejamos no centro do propósito dEle.

Deus quer nos entregar coisas grandes, muito maiores do que pensamos ou sonhamos. Ele é poderoso para fazer isso. Então, a partir de hoje, comece a orar grande, do tamanho do seu Deus, porque tudo isso Ele já preparou para você.

Não permita que a SUA MENTE o IMPEÇA de orar por coisas grandes.

33º DIA

OS TESOUROS ESCONDIDOS

"E te darei os tesouros das escuridades e as riquezas encobertas, para que possas saber que eu sou o Senhor, o Deus de Israel, que te chama pelo teu nome."

ISAÍAS 45:3

Deus fala sobre os tesouros escondidos e as riquezas encobertas e promete nos entregá-los, os quais são diferentes. Porém, Deus não está dizendo que nos dará dinheiro nem que pagará nossas contas ou trará ajuda financeira, e sim quer nos entregar os tesouros escondidos. O que vem à sua mente quando falamos sobre tesouros? Ouro, joias, um baú cheio de riquezas? São coisas que ninguém viu nem conhece, e tudo isso é para que todos saibam quem é o Deus da sua vida. E Ele é o nosso amigo, porque só um amigo nos chama pelo nome.

126

Precisamos orar pelos tesouros escondidos crendo, porque só atraímos aquilo que está muito bem claro na nossa mente. Muitos oram de maneira pequena para um Deus tão grande, por isso precisamos aprender a pedir de acordo com a grandeza dEle, porque a oração que fazemos determina a pessoa que seremos, o estilo de vida que teremos e quem nos tornaremos.

Se oramos sempre por sobrevivência, nunca chegaremos a um lugar incomum. Transforme a sua oração e peça a Deus para fazer coisas grandes e surpreendentes, ore para que Ele lhe dê coisas que você nunca teve, coisas incomuns e que abençoarão toda a sua família.

> "Pedis e não recebeis, porque pedis mal, para o gastardes em vossos deleites." TIAGO 4:3

O que nos faz pedir errado? A fraqueza da nossa mente, que luta apenas pela sobrevivência e nos impede de orar por coisas grandes e incomuns. Quando oramos apenas pelo suprimento das necessidades, Deus nos atende. Ele sempre responde, mas amanhã aparecerá uma nova necessidade e teremos que orar para que ela também seja resolvida. Precisamos parar de viver esse círculo vicioso de necessidade em necessidade, porque isso é o que nos tem feito caminhar em uma estrada de escassez.

> "Elias era homem sujeito às mesmas paixões que nós e, orando, pediu que não chovesse, e, por três anos e seis meses, não choveu sobre a terra. E orou outra vez, e o céu deu chuva, e a terra produziu o seu fruto." TIAGO 5:17-18

Elias dobrou os joelhos pedindo que, por três anos e seis meses, não caísse dos céus uma única gota de chuva. Você teria coragem de fazer essa oração? Você consegue imaginar as consequências de tanto tempo sem chuva? Você crê que, se orasse exatamente assim, Deus responderia à sua oração? Elias era profeta e não pensou em nenhuma dessas questões, apenas orou e, quando decidiu que era hora de voltar a chover, orou novamente, mas precisou ser determinado e orar por sete vezes para que Deus o respondesse.

Quem quer receber tesouros escondidos precisa conhecer a grandeza de Deus e aprender a orar do tamanho dEle. Josué também orou por algo inexplicável: ele precisava de mais tempo porque, no meio da batalha em que estavam, os inimigos poderiam se fortalecer. Josué orou por mais tempo e os dois astros no céu, o Sol e a Lua, pararam a rotação, e com isso a Terra não se moveu por quase meio dia, para que Josué pudesse vencer aquela batalha.

Acredito que você saiba que, cientificamente, se a Terra parar de girar, a vida terrestre acaba. Nosso planeta gira a mais ou menos 27 mil quilômetros por hora, então o que aconteceria se ele brecasse de repente? Todos seriam lançados a essa mesma velocidade, como em um acidente de carro, porque tudo continuaria se deslocando enquanto ela estivesse parando. Considerando isso, você teria coragem de fazer essa oração e ir contra a ciência e a lógica? A Bíblia diz que, se orarmos pedindo para que um monte se lance ao mar, Ele nos responderia positivamente, então por que não agimos assim? Porque a nossa mente nos impede de orar por coisas grandes.

Certa vez, empreendi o desafio de trazer para a minha cidade a banda gospel australiana Hillsong, que estava tendo grande repercussão mundial na época. Seria um grande evento na praia, ao ar livre, que atrairia milhares de pessoas e custaria um alto valor financeiro. Três dias antes do evento, começou uma forte chuva em Santa Catarina, com uma intensa massa de chuva que cobria todo o estado. No dia do evento, o céu estava carregadíssimo, não existia uma única fresta pela qual o sol pudesse passar.

Ao meio-dia, dei uma entrevista e declarei ao vivo que o show não estava cancelado e que às 18h daríamos início ao evento com o Sol brilhando sobre todos. Lembro-me de que, enquanto eu ia até o local do evento, orava a Deus dizendo que, mesmo que as imagens de satélite mostrassem a realidade da situação, Ele era poderoso o suficiente para fazer toda aquela chuva parar. No mesmo instante, Deus falou comigo: quando o ponteiro do meu relógio marcasse 15h, a chuva cessaria. Recordo-me de subir no palco nesse horário, olhar para o céu e ele estar se abrindo bem onde nós estávamos.

Eu guardo com muito carinho uma foto desse dia em que o Sol brilhava sobre o palco enquanto em volta de nós havia densas nuvens de chuva. O evento durou três horas, e durante esse tempo não caiu nenhuma gota de água, mas, logo que terminou, voltou a chover incessantemente por três dias. Eu creio que Deus nos responde, e você só viverá coisas grandes quando as suas orações deixarem de ser pequenas e alcançarem o tamanho do seu Deus.

ORAÇÕES comuns trazem
RESULTADOS comuns.

34º DIA

ORE PELAS PROMESSAS DE DEUS

"Procura lembrar-me; entremos em juízo juntamente; apresenta as tuas razões, para que te possa justificar."

ISAÍAS 43:26

Não limite a Deus. A Bíblia conta a história da viúva que deveria colocar muitas vasilhas diante do profeta para que o azeite se multiplicasse, e no último pote o azeite terminou. Você acha que o milagre foi do tamanho de Deus ou do tamanho da viúva? Quem determinou o tamanho do milagre? Se ela tivesse colocado mais três vasilhas, essas também teriam se enchido? O tamanho do nosso milagre é determinado por nós, por isso não podemos ser pequenos tendo um Deus tão grande.

Eu sempre observo as pessoas orando pelos filhos, e geralmente elas o fazem assim: "Senhor, eu peço que meu filho tenha uma experiência contigo, largue as más companhias e volte a frequentar a igreja". Fico com o espírito agitado em pensar que esses pais poderiam estar gastando esse mesmo tempo realizando uma oração muito mais produtiva: "Senhor, eu oro agora para que o meu filho se torne um grande pastor, cheio do Espírito Santo, que ganhará uma multidão de almas para Cristo". Isso acontece porque a maioria dos pais pensa que, se Deus apenas levar os filhos deles de volta para a igreja, já será mais do que suficiente. Esse é o reflexo de uma mente pequena e medíocre falando com um Deus grande e generoso.

Vejo também muitas pessoas orando para que Deus as ajude a pagar o aluguel. Não há nada de errado nisso, mas por que não oramos pedindo dinheiro suficiente para comprar um imóvel e ainda abençoar outras pessoas a também terem a casa própria? O problema é que não temos coragem para orar por coisas grandes. Você tem coragem de orar a Deus para que Ele o torne um milionário? Provavelmente não, afinal Ele já tem infinitas pessoas para ajudar, e isso O importunaria. Saiba que o segredo é: sempre que orar, peça a mais, para ter o que repartir.

Orações comuns trazem resultados comuns. Se pararmos de pedir, Deus parará de fazer. Para Davi, Deus prometeu algo muito interessante: que não faltaria herdeiro dele para ocupar o trono de Israel. Essa foi a resposta a uma oração feita por Davi.

> "Então, confirmarei o trono de teu reino sobre Israel para sempre, como falei acerca de Davi, teu pai, dizendo: Não te faltará varão sobre o trono de Israel." 1 REIS 9:5

Davi orou a Deus pedindo a maior dinastia da história mundial. Há alguns anos, estudiosos encontraram uma linhagem de hebreus na genealogia da rainha Elizabeth, ou seja, em 2019 havia um descendente de Davi reinando sobre a Inglaterra. Davi orou em cima de uma promessa, porque toda promessa nos dá autoridade e legalidade para cobrarmos a Deus. Ele mesmo disse que podemos cobrá-Lo, porque Ele cumprirá. Ore as promessas de Deus! Devemos orar por coisas grandes, para que nós e a nossa família cheguemos a lugares que jamais sonhamos. Não é vergonha, pecado nem erro pedir coisas grandes para um Deus grande.

"Pois, se Deus assim veste a erva do campo, que hoje existe e amanhã é lançada no forno, não vos vestirá muito mais a vós, homens de pequena fé? Não andeis, pois, inquietos, dizendo: Que comeremos ou que beberemos ou com que nos vestiremos? (Porque todas essas coisas os gentios procuram.) Decerto, vosso Pai celestial bem sabe que necessitais de todas essas coisas." MATEUS 6:30-32

As necessidades são procuradas pelos gentios. Nós, que somos filhos, podemos pedir coisas grandes e receber dEle os tesouros escondidos, aqueles que ninguém mais encontrou. Não importa quem somos, qual é o nosso nível de escolaridade, o nosso status e as nossas condições financeiras, Deus quer nos dar os tesouros escondidos, independentemente da nossa idade ou de quem somos. A prosperidade estará conosco. Ore para que você seja uma pessoa incomum.

Certa vez, em um jornal da cidade de Houston, nos Estados Unidos, li sobre uma garota chamada Jamie, que morava no Texas e era de uma família de fazendeiros criadores de gado. Ela viu uma das vacas prenha e pediu que o pai lhe desse o bezerro, o que ele negou, alegando que todos os filhotes deveriam ser vendidos. Por três semanas ela fez o mesmo pedido para o pai, que decidiu fazer um acordo com ela: se o bezerro nascesse totalmente preto, seria dela, mas se fosse malhado, como todo o rebanho, seria vendido.

Ela aceitou o desafio e orou a Deus para que o bezerro nascesse totalmente preto e ainda tivesse um sinal, para que ninguém duvidasse que fosse o próprio Deus dando-o a ela. O bezerro nasceu preto, com uma marca na testa, a letra J em branco – a primeira letra do nome da garota.

Você tem coragem de orar dessa maneira? Essa menina pertencia a Deus, e aprouveu a Ele realizar os desejos do coração dela. Ele também quer fazer coisas extraordinárias por você, coisas das quais você ainda não tem nem ideia.

A SUA vela jamais perderá a LUZ, mesmo sendo usada para ACENDER MUITAS OUTRAS.

35º DIA

UM ABENÇOADOR DA ESPERANÇA ALHEIA

"Dai, e ser-vos-á dado; boa medida, recalcada, sacudida e transbordando vos darão; porque com a mesma medida com que medirdes também vos medirão de novo."

LUCAS 6:38

Certa vez, assisti a um documentário sobre Alexandre, o Grande. Ele estava passando com a caravana por um vilarejo próximo a um lugar de comércio onde eram feitos muitos negócios. Lá vivia um mendigo que permanecia sentado no mesmo local, esperando para receber esmolas, e as pessoas sempre escolhiam as moedas de menor valor, as mais insignificantes, para atirar no pote dele. Alexandre, quando o viu, pediu para que a caravana parasse, tirou do alforje várias moedas de ouro e as lançou para aquele homem. Naquele momento, o assistente de Alexandre disse: "Majestade, bastava poucas moedas de cobre para suprir a necessidade daquele mendigo", ao que Alexandre respondeu: "Sim, poucas moedas matariam a fome daquele pobre homem, mas somente muitas moedas de ouro seriam adequadas para uma doação feita por Alexandre, o Grande".

Não podemos dar algo a alguém de acordo com o que essa pessoa necessita. Devemos agir conforme quem somos, pois esta é uma das grandes chaves para uma vida feliz e próspera: a generosidade. Umas das coisas mais importantes na vida de um homem é a generosidade, a habilidade de dar. "Bem-aventurado" significa ser mais do que feliz, e mais do que simplesmente feliz é aquele que dá em vez de receber, porque age conforme o que está no coração de Deus.

É muito bom ouvirmos e reconhecermos que Deus deseja nos abençoar, mas a generosidade é o pilar, a chave-mestra para vivermos essa promessa. Quando partirmos desta terra, não levaremos absolutamente nada conosco, por isso tudo que Deus nos dá é para ser usado neste tempo. É muito bom termos dinheiro para comprar uma roupa nova, fazer uma viagem ou trocar de carro, porque isso representa a bênção do Senhor, mas tudo tem um propósito, e o propósito do dinheiro é nos fazer abençoadores da esperança alheia.

Sermos doadores nos proporciona uma sensação muito prazerosa, mas também deve ser um hábito, um estilo de vida que precisamos adotar. Quem é generoso também é agradecido e carrega consigo um sentimento diário de gratidão. Crie o hábito da gratidão na sua casa, ensine-o aos seus filhos, promova reuniões e pequenos cultos domésticos em ações de graças por tudo que Deus tem feito na sua família.

Outro passo para nos tornarmos generosos é colocar as pessoas em primeiro lugar, não pensando somente em nós mesmos, nos levantando como doadores nos três níveis: na família, para pais, irmãos, sobrinhos; ao próximo, pois ninguém é tão pobre que não possa dar algo para um necessitado; e para a obra de Deus, nas necessidades do Reino.

Quem é generoso não permite que o sentimento de posse tome o controle. Como é comum as pessoas se tornarem avarentas ao terem uma significativa melhora financeira, a Bíblia nos alerta que a soberba precede a queda. Para alcançarmos a bênção da generosidade, precisamos reconhecer que o dinheiro é um recurso para que melhoremos de vida, assim como para nos tornar abençoadores.

Por último, precisamos desenvolver o hábito da generosidade. Certa vez, assisti a um programa dos Estados Unidos sobre um concurso de agricultores que eram desafiados a produzir o melhor milho. O vencedor daquele ano também havia ganhado os últimos quatro concursos, e na entrevista foi questionado do porquê desse sucesso. O homem respondeu que selecionava muito bem os grãos que ia plantar, assim como fazia algo determinante: ele repartia os mesmos grãos com os agricultores vizinhos, para que também os plantassem, porque aquela era uma região em que ventava muito; assim, os grãos que o vento carregasse de outras terras e caíssem na plantação dele seriam tão bons quanto os que ele se dedicava a cultivar. Esse homem é um exemplo de generosidade, porque só compartilha sementes boas. Precisamos aprender que a nossa vela jamais perderá a luz, mesmo sendo usada para acender muitas outras.

"Honra ao Senhor com a tua fazenda e com as primícias de toda a tua renda: e se encherão os teus celeiros abundantemente, e trasbordarão de mosto os teus lagares." PROVÉRBIOS 3:9-10

Se desejamos ser pessoas prósperas na terra e ter uma descendência bem-sucedida, devemos nos aproximar de Deus e ser doadores como Ele é. Reavalie o seu nível de doação. Se hoje você pudesse medi-lo, em uma escala de 1 a 10, que nota se daria? Nunca daremos mais a Deus do que Ele a nós.

Também precisamos ter fé, para sermos generosos e fazermos a diferença na vida de outras pessoas. Pense nisso!

Não FALE sobre os problemas, e sim
SOBRE AS POSSIBILIDADES.

36º DIA

QUEM É VOCÊ?

> "E contaram-lhe e disseram: Fomos à terra a que nos enviaste; e, verdadeiramente, mana leite e mel, e este é o fruto."
>
> NÚMEROS 13:27

Alguns homens, nos quais Moisés tinha plena confiança, foram mandados a um lugar, para conhecer e revelar como eram aquelas terras. Chegando lá, encontraram muita prosperidade, mas em algum momento mudaram o discurso e começaram a revelar os problemas que enfrentariam quando entrassem para tomar posse dela.

Calebe estava junto nessa empreitada e, ouvindo a murmuração dos outros, disse:

> "[...] Subamos animosamente e possuamo-la em herança: porque, certamente, prevaleceremos contra ela." NÚMEROS 13:30

No entanto, os homens se recusaram a continuar, porque os problemas eram maiores que a visão que tinham.

> "Porém os homens que com ele subiram disseram: Não poderemos subir contra aquele povo, porque é mais forte do que nós. E infamaram a terra, que tinham espiado, perante os filhos de Israel, dizendo: A terra, pelo meio da qual passamos a espiar, é terra que consome os seus moradores; e todo o povo que vimos no meio dela são homens de grande estatura. Também vimos ali gigantes, filhos de Anaque, descendentes dos gigantes; e éramos aos nossos olhos como gafanhotos e assim também éramos aos seus olhos." NÚMEROS 13:31-33

Moisés mandou doze homens para averiguar o que realmente existia naquele lugar, os quais deveriam passar quarenta dias somente caminhando e observando. Do vale chamado Escol, trouxeram um cacho de uva que precisava ser carregado por dois homens. Pegaram também romãs e figos e voltaram para junto de Moisés, a fim de contar a abundância que existia naquele lugar. Dez daqueles homens começaram a relatar todas as dificuldades que teriam se tentassem tomar posse daquelas terras. Apenas Josué e Calebe estavam motivados com as novidades.

Por que apenas dois homens daqueles doze queriam enfrentar qualquer dificuldade pela conquista? A diferença está na fé de cada um. Ter fé não é ignorar o gigante. Quando temos um problema no nosso lar, na nossa família, não podemos ignorá-lo nem fazer de conta que ele não existe, e sim devemos avaliá-lo de frente, para enxergar a solução. Quem enxerga a solução não vive falando do problema.

QUEM É VOCÊ? **139**

Fé é algo usado com a razão. Fé é algo inteligente, e não emocional. É algo totalmente ativo. Dez daqueles homens voltaram admirados com o tamanho dos gigantes e dois voltaram admirados com o tamanho da uva. Talvez hoje o seu maior problema seja você viver contando para os outros o tamanho do seu gigante.

> "E éramos aos nossos olhos como gafanhotos e assim também éramos aos seus olhos." NÚMEROS 13:33

A síndrome de gafanhoto atinge três áreas da vida. A primeira é quem nós somos. Aqueles homens começaram a achar que eram gafanhotos, porque todo fracassado vive como se fosse algo sem valor. Primeiro se vê sem valor para depois fracassar. Quem você é: um gafanhoto ou um comedor de uvas?

Conheço pessoas que vivem problemas que nunca existiram, que estão somente na mente delas. A nossa mente é a maior arma que Deus nos deu e tem uma capacidade tremenda de raciocínio, mas algumas vezes a usamos contra nós mesmos.

Que tem síndrome de gafanhoto fala sobre problemas. Já o comedor de uvas fala das possibilidades. Aquele que está sob o complexo do gafanhoto fala do tamanho dos problemas, e o comedor de uvas declara o tamanho da vitória. Daquilo que o nosso coração está cheio é sobre o que falamos, mas a síndrome do gafanhoto nos torna medrosos e temerosos.

A segunda área que a síndrome atinge é a forma como vemos nossos inimigos: "[...] e assim também éramos aos seus olhos". Eles não conversaram com os gigantes para saber como estes os viam, foram logo dizendo que, provavelmente, eles os tratariam como gafanhotos. Essa síndrome faz com que nos vejamos sem capacidade.

A terceira área atingida é como vemos o nosso Deus. Josué e Calebe, dois comedores de uvas, diziam que queriam continuar e avançar, porque o Senhor já havia entregado aquelas terras a eles. Já os outros dez queriam criar justificativas para que Deus não agisse. Um comedor de uvas sabe que não deve se preocupar, porque, quando Deus dá a visão, dá também a provisão.

A síndrome de gafanhoto age no cérebro, fazendo com que a pessoa tenha sua visão distorcida. Já a fé é uma arma que deve se unir com a nossa mente e projetar o futuro através da razão e do entendimento. Os comedores de uvas disseram que poderiam ir contra os gigantes e vencê-los. Eles viram um Deus cumpridor de promessas.

Quem é você? Alguém que enxerga além dos problemas ou que se esconde para não ter de enfrentá-los?

Fé é OUSADIA, ATITUDE e DECISÃO.

37º DIA

ROMPENDO PELA FÉ

"Toda ferramenta preparada contra ti não prosperará; e toda língua que se levantar contra ti em juízo, tu a condenarás; esta é a herança dos servos do Senhor e a sua justiça que vem de mim, diz o Senhor."

ISAÍAS 54:17

Fé não se fala, é uma ação. Não é algo ilusório e imaginário, é completamente concreto. Conheço tantas pessoas que falam sobre fé, mas não vivem por ela!

Precisamos de uma fé nova, forte, que não é apenas imaginação ou desejo, e sim muito mais. Precisamos ter uma fé sólida e real, que alcance o sobrenatural, porque chegou o tempo de rompermos todos os limites. Deus tem um propósito para nós: que cresçamos. Este é o desejo dEle: que cada um dos filhos cresça.

Se a sua vida está parada hoje é porque você está fora do propósito de Deus. No dia em que Deus liberou uma palavra sobre a nação de Israel, dizendo que o limite que existia sobre eles, chamado Egito, não existiria mais e todos caminhariam em direção à promessa, ninguém ficou para trás.

Todos, sem exceção, podem crescer e se libertar dos limites, porque Deus não faz acepção de pessoas. Quando Ele libera uma palavra, é para abranger todo o povo, não somente alguns.

Muitos dos limites que existem na nossa vida foram colocados por nós mesmos. Há pessoas que alcançam uma conquista e param ali, recebem um milagre e acham que está bom. É muito triste encontrar pessoas que declararam servir ao Rei dos Reis, mas vivem uma vida sem sonhos, sem projetos, sem desejos de conquistar mais.

O que realmente nos trava é o medo, e não existe limite pior que ele, que impede de conquistar, de sair de onde estamos e tentar algo novo. Mesmo o Senhor tendo projetado um caminho de vitórias, muitos têm ficado atados pelo medo e por isso preferem permanecer a vida inteira em um mesmo emprego, assegurados por um salário fixo.

Talvez você mesmo tenha se colocado esse limite. Quem sabe alguém esteja tentando limitar você, então você precisa aprender a romper isso. A Bíblia nos ensina como fazer. O versículo 2 do livro de Isaías, capítulo 54, diz que devemos alargar a nossa tenda e estender o toldo da nossa habitação:

> "Amplia o lugar da tua tenda, e as cortinas das tuas habitações se estendam [...]." ISAÍAS 54:2

Deus não disse que seria Ele que alargaria isso, que faria o trabalho por nós, e sim que nós devemos alargar. Se desejamos quebrar nossos limites, temos de agir. Eu sei que é muito cômodo ouvir uma palavra que diz que Deus fará e Ele mesmo moverá as coisas, mas essa passagem da Bíblia mostra que Ele espera que nós façamos isso.

Essa direção que Deus nos dá é muito poderosa. Precisa ter uma Palavra de Deus para agir – e ela já existe e nos promete que Ele nos colocaria por cabeça, e não por cauda, que emprestaríamos a muitos e não pediríamos emprestado. Tudo de que precisamos já foi liberado, o restante depende de nós. Quando Jesus morreu, deixou tudo consumado, e agora chegou o momento de fazermos a nossa parte. Este é o momento de agirmos com a ajuda do Espírito Santo. Se decidirmos fazer, Ele nos ajudará.

Então, se desejamos romper um limite – o medo, a insegurança, as finanças, uma enfermidade, um problema familiar, emocional ou conjugal, até mesmo ministerial – precisamos somente de fé. Através dela, todos os limites podem ser e serão quebrados, se ousarmos e exercermos a nossa fé.

Mas lembre-se: fé não tem nada a ver com emoção, muito menos com empolgação. A fé deve ser usada com razão e inteligência, pois fé é ousadia, atitude e decisão. Ninguém tem fé se não tem atitude, já que a fé não é para os preguiçosos.

Podemos romper qualquer limite. Não existem adversidades que possam parar ou deter aqueles que servem ao Senhor. Todo problema sempre servirá como um caminho para crescermos e alcançarmos lugares mais altos.

Se ainda existem LIMITES na sua vida, eles
só poderão ser rompidos ATRAVÉS DA FÉ.

38º DIA

A DECISÃO É SUA!

> "Não temas, porque não serás envergonhada; e não
> te envergonhes, porque não serás confundida; antes,
> te esquecerás da vergonha da tua mocidade e não te
> lembrarás mais do opróbrio da tua viuvez."
>
> ISAÍAS 54:4

Simplesmente rompa. Isso é uma decisão. Hoje mesmo abra uma empresa, ajude alguém, peça quem você ama em casamento. Rompa! Nunca mais impeça Deus de abençoar você.

Imagine Deus falando ao seu coração que Ele não cumpriu algo na sua vida porque você O impediu – isso seria muito doloroso. Muitas pessoas oram, jejum, semeiam e nunca alcançam, porque estão impedindo Deus de agir. Se decidirmos ficar parados, Ele sempre nos respeitará.

Quando decidimos viver dentro dos limites colocados por nós mesmos e pelos outros, impedimos Deus de agir. Não importa quantos problemas já aconteceram e tivemos de administrar, Deus apagou toda a vergonha do passado, então viver algo novo depende de nós. A parte dEle já está pronta.

O amor de Deus faz com que todos se tornem iguais; o que nos diferencia é a fé. Ele nos vê conforme a nossa fé, e é por isso que alguns conquistam tantas coisas enquanto outros são acomodados e presos.

Você quer romper o seu maior limite? Então rompa. O poder da decisão está nas suas mãos, e a sua fé deve ser usada para que isso aconteça.

> "[...] Não o impeças; alonga as tuas cordas e firma bem as tuas estacas." ISAÍAS 54:2

Tratando-se de crescimento, por que Deus não mandou fazer um alicerce forte em vez de alargar as cordas? Porque Ele não nos criou para sermos limitados a nada, e um alicerce certamente nos limitaria. Já as estacas não nos limitam, porque podemos firmá-las em algum lugar e, se for preciso ampliar, aumentar ainda mais, só precisamos arrancá-las de onde estão e colocá-las em outro lugar.

Algumas pessoas conquistam coisas no início da caminhada com Deus e, em vez de colocarem estacas, preferem fazer um alicerce com muito cimento, e ainda colocam os próprios pés para serem cimentados junto.

Não fomos feitos para receber apenas uma bênção. Ele nos libertou para que rompamos os limites existentes e não criemos limites novos. Por que muitos vivem doentes? O Deus que os criou não é capaz de curá-los hoje? Não devemos nos contentar em receber dEle apenas uma benção, pois Ele não é pobre nem miserável para nos dar somente uma vez.

> "Porque trasbordarás à mão direita e à esquerda; e a tua posteridade possuirá as nações e fará que sejam habitadas as cidades assoladas." ISAÍAS 54:3

Há a promessa de que vamos transbordar e que a nossa posteridade será abençoada. Esse mesmo texto diz que não devemos temer, porque jamais sofreremos humilhação. Porém, quando não conseguimos romper os nossos limites e crescer, quando nos tornamos limitados por uma enfermidade e por problemas, por exemplo, nos sentimos humilhados e envergonhados vendo o sucesso dos outros e imaginando que somente nós somos malsucedidos.

Quando tomamos a decisão de romper, toda humilhação e fracasso são lançados fora. Muitos acharão que não temos capacidade para alcançar certas coisas, mas mostraremos que por meio da fé é possível romper e prosperar.

> "Não me temereis a mim? – diz o Senhor; não temereis diante de mim, que pus a areia por limite ao mar, por ordenança eterna, que ele não traspassará? Ainda que se levantem as suas ondas, não prevalecerão; ainda que bramem, não a traspassarão." JEREMIAS 5:22

Ainda que o mundo inteiro se enfureça contra nós, Deus os limitará, e o nosso crescimento não poderá ser impedido. Se ainda existem limites na sua vida, eles só poderão ser rompidos através da fé. Persiga o seu sonho, e o Espírito de Deus ajudará a alargar as suas tendas e romper os seus limites.

A DECISÃO É SUA! 147

FORTALEÇA a sua FÉ dando glórias a Deus.

39º DIA

FÉ É ACREDITAR!

"Mas nós, irmãos, somos filhos da promessa, como Isaque."

GÁLATAS 4:28

Para Deus, é simples trazer à existência o que não existe como se já existisse, mas Abraão, o pai da fé, precisou crer contra a esperança para que pudesse receber o milagre. A Bíblia conta que Abraão tinha o sonho de se tornar pai, mas já tinha 100 anos. A esposa dele, Sara, também já era muito idosa, além de sofrer com a esterilidade. Dando a maior prova de fé de toda a Bíblia, ele não demonstrou fé apenas nos momentos de dificuldade, mas em todas as situações que viveu. As atitudes dele mostravam que ele confiava na direção de Deus para a própria vida e, sempre pronto a obedecer, viveu grandes experiências ao lado do Senhor. Quando Deus prometeu que lhe daria uma descendência muito numerosa, ele creu.

Abraão permanecia olhando para a promessa, aboliu a incredulidade e continuou com fé, dando glórias a Deus todo o tempo. A maneira como essa família concebeu o milagre foi extraordinária. Na condição deles, gerar era impossível, mas Abraão não observava as circunstâncias nem se detinha a elas; era a promessa que o interessava e o fazia se fortalecer na fé.

"Portanto, é pela fé, para que seja segundo a graça, a fim de que a promessa seja firme a toda a posteridade, não somente à que é da lei, mas também à que é da fé de Abraão, o qual é pai de todos nós (como está escrito: Por pai de muitas nações te constituí.), perante aquele no qual creu, a saber, Deus, o qual vivifica os mortos e chama as coisas que não são como se já fossem. O qual, em esperança, creu contra a esperança que seria feito pai de muitas nações, conforme o que lhe fora dito: Assim será a tua descendência. E não enfraqueceu na fé, nem atentou para o seu próprio corpo já amortecido (pois era já de quase cem anos), nem tampouco para o amortecimento do ventre de Sara. E não duvidou da promessa de Deus por incredulidade, mas foi fortificado na fé, dando glória a Deus." ROMANOS 4:16-20

A nossa esperança pode até morrer, mas a fé jamais. Afinal, é ela que nos permite continuar em pé e não retroceder na espera do milagre. Quando tudo ficar escuro, tire os seus olhos das circunstâncias e permaneça dando glórias a Deus, porque, agindo assim, você estará fortalecido na fé e na direção da conquista das promessas.

Você é herdeiro de Cristo e tem o direito de também receber as promessas de Abraão, as quais dizem que seremos abençoados em tudo em que colocarmos as nossas mãos, que teremos a unção da multiplicação e seremos muito prósperos.

FÉ É ACREDITAR! 149

Abraão conseguiu conquistar todas as promessas porque usou a fé e creu. Era um homem que não se importava com as circunstâncias e cria, acima de tudo, na vitória. Ainda assim, ele viveu alguns momentos muito dramáticos, situações que realmente arrancariam o chão sob os pés de qualquer pessoa. Acredito que a situação mais difícil de todas foi quando Deus pediu que ele sacrificasse o filho Isaque. Movido por total obediência, sem questionar em nenhum momento, por ter uma fé em Deus tão grande, ele sabia que o Senhor estava no controle absoluto.

"Pela fé, ofereceu Abraão a Isaque, quando foi provado, sim, aquele que recebera as promessas ofereceu o seu unigênito. Sendo-lhe dito: Em Isaque será chamada a tua descendência, considerou que Deus era poderoso para até dos mortos o ressuscitar. E daí também, em figura, ele o recobrou." HEBREUS 11:17-19

Ter fé é estar disposto a abrir mão de tudo, até mesmo daquilo que Deus já nos deu um dia. Isso é demonstrar confiança, é acreditar, é ter a certeza de que Deus agirá quando nada está indo bem. Tire os seus olhos das circunstâncias e coloque-os nas promessas. Fortaleça a sua fé dando glórias a Deus. Continue dando glórias e jamais perca a essência da adoração. Há uma promessa de crescimento, multiplicação e vitória, então faça um sacrifício para alcançá-la e não abra mão de agir com fé.

Reconheça a grandiosidade de DEUS e o quanto Ele É SUFICIENTE na sua VIDA.

40º DIA

ONDE ESTÁ A SUA FÉ?

"Uns confiam em carros, e outros, em cavalos, mas nós faremos menção do nome do Senhor, nosso Deus. Uns encurvam-se e caem, mas nós nos levantamos e estamos de pé."

SALMOS 20:7-8

Hoje, responda com toda a sua sinceridade: onde você tem colocado a sua fé?

A questão principal não é a quantidade de fé que temos, mas em que direção ela tem sido colocada. No livro de João, capítulo 6, versículos 24 a 27, Jesus dá uma resposta muito direta àqueles que O seguiam não por quem Ele era, mas pelo que Ele podia fazer:

"Vendo, pois, a multidão que Jesus não estava ali, nem os seus discípulos, entraram eles também nos barcos e foram a Cafarnaum, em busca de Jesus. E, achando-o no outro lado do mar, disseram-lhe: Rabi, quando chegaste aqui?

> Jesus respondeu e disse-lhes: Na verdade, na verdade vos digo que me buscais não pelos sinais que vistes, mas porque comestes do pão e vos saciastes. Trabalhai não pela comida que perece, mas pela comida que permanece para a vida eterna, a qual o Filho do Homem vos dará, porque a este o Pai, Deus, o selou." JOÃO 6:24-27

Aquela multidão seguia Jesus incansavelmente pelos sinais que Ele vinha operando. Aqueles homens e mulheres tinham motivações únicas, algo muito individualizado que esperavam que Cristo atendesse, e o Senhor conhecia muito bem o coração de cada um ali. Ele sabia que, no final, o que eles queriam era mais pães e mais peixes.

A promessa de que o Senhor nos abençoará precisa ser real no nosso coração. Receber algo maravilhoso dEle, uma bênção, não pode ser o real motivo pelo qual O seguimos. Você confia em Jesus pelo que Ele pode fazer por você ou por quem Ele é? Você O ama, ou espera apenas satisfazer-se com o que Ele tem para oferecer? Ele precisa ser tudo para você, porque é exatamente isso que Ele é.

> "Eu sou o Alfa e o Ômega, o Princípio e o Fim, o Primeiro e o Derradeiro." APOCALIPSE 22:13

Precisamos reconhecer a grandiosidade de Deus e o quanto Ele é suficiente na nossa vida. Quando entendemos isso, não ficamos decepcionados ou deprimidos quando algo não acontece como queremos. Haverá momentos em que viveremos ou experimentaremos situações que desafiarão o nosso entendimento e a nossa fé, faremos perguntas que não terão respostas. Mas, se a nossa fé estiver no lugar certo, não ficaremos abalados a ponto de perdermos a confiança e abandonarmos ao Senhor.

Não duvide! Deus tem a provisão exata para cada situação que apresentamos a Ele, por isso a nossa fé não pode estar simplesmente na bênção em si, mas em Deus, que abençoa os amados, mesmo enquanto estão dormindo. A nossa vida está sob o controle dEle.

> "Deus não é homem, para que minta; nem filho de homem, para que se arrependa; porventura, diria ele e não o faria? Ou falaria e não o confirmaria?" NÚMEROS 23:19

Depositar toda a nossa confiança em Deus é ter a certeza de que todas as coisas ficarão bem. Mesmo nos momentos difíceis, há uma certeza em nosso espírito de que tudo se resolverá da melhor maneira possível, porque a nossa fé tem sido depositada nAquele que pode todas as coisas e nos protege em qualquer circunstância, em qualquer condição.

> "E em ti confiarão os que conhecem o teu nome; porque tu, Senhor, nunca desamparaste os que te buscam." SALMOS 9:10

O que precisamos fazer? Continuar crendo, obedecendo-O e servindo-O. Ele é responsável por nós e agirá, no momento certo, a nosso favor.

> "Mas eu confiei em ti, Senhor; e disse: Tu és o meu Deus." SALMOS 31:14

ONDE ESTÁ A SUA FÉ? **153**

POR CAUSA DELE, PODEMOS ALCANÇAR QUALQUER COISA PELA FÉ.

40 DIAS DE FÉ E MILAGRES
@MICHAELABOUD

"NÃO TERMINA POR AQUI…"

Ao longo dos anos, ouvi inúmeros testemunhos de pessoas que se comprometeram a viver o real significado de uma vida de fé. Aprendi que a fé não deve ser usada somente nos momentos em que estamos no limite de uma decisão ou de um problema. A fé contribui nas coisas complexas, difíceis e que geram milagres estrondosos, mas também deve ser direcionada para as pequenas coisas, para o dia a dia, para sairmos de casa e vencermos todas as demandas que surgirem nas horas seguintes. A fé é para tudo: para o dia mau e para o dia bom, em que vemos Deus ao nosso lado o tempo todo.

Uma vida de fé envolve confiar plenamente que Deus está no controle e que Ele tem um plano, mesmo quando as circunstâncias parecem incertas ou difíceis. É acreditar que Ele está presente e atuando, mesmo quando não conseguimos ver ou entender tudo. A fé não é apenas acreditar, mas também agir. Ter fé é obedecer aos princípios e aos ensinamentos espirituais, ainda que isso não seja fácil ou compatível com a situação. A obediência é uma expressão de confiança e amor por Deus.

Uma vida de fé não significa que não teremos dificuldades, e sim que, diante delas, teremos esperança. A fé nos ajuda a enfrentar os desafios sabendo que não estamos sozinhos, que Deus nos sustenta e que Ele pode transformar nossas adversidades em oportunidades de crescimento. A fé nos ensina a ser pacientes e a perseverar. Muitas vezes, a resposta de Deus não é imediata, e a vida de fé exige esperar pelo tempo perfeito dEle. A perseverança, mesmo quando não vemos resultados instantâneos, é uma característica fundamental de uma pessoa cheia de fé.

Uma vida de fé também não é estática, porque envolve o desejo contínuo de crescer espiritualmente, de conhecer mais a Deus, de ser transformado pela Palavra e de desenvolver virtudes como humildade, perdão e misericórdia. Viver uma vida de fé é confiar em Deus, obedecer aos ensinamentos dEle, enfrentar as dificuldades com esperança e viver de acordo com os princípios espirituais que refletem o amor e a vontade divina. Isso nos leva a uma vida mais plena, focada no que realmente importa e com um propósito claro que transcende as circunstâncias temporais.

Quem tem fé experimenta milagres. Quem vive o dia a dia da fé vê os milagres chegando, e desejo que você experimente na prática o que é receber um milagre de Deus. A sua vida nunca mais será a mesma depois dessa experiência sobrenatural. Um milagre é algo que ocorre de maneira extraordinária, que desafia as leis naturais ou científicas e que é atribuído a uma intervenção divina ou sobrenatural. Os milagres acontecem através do poder e da manifestação de Deus. E o agente que fez com que Deus se mova com milagres é a fé.

Quanto a mim, foi uma honra passar esses quarenta dias ao seu lado e vê-lo crescer no entendimento de que a fé é algo inteligente e racional, capaz de criar uma nova realidade a partir do momento em que conseguimos visualizar o que tanto temos desejado.

Leia com atenção estas palavras de Paulo na carta aos Filipenses:

"Irmãos, quanto a mim, não julgo que o haja alcançado; mas uma coisa faço, e é que, esquecendo-me das coisas que atrás ficam e avançando para as que estão diante de mim, prossigo para o alvo, pelo prêmio da soberana vocação de Deus em Cristo Jesus." FILIPENSES 3:13-14

Existe uma instrução muito poderosa nesse texto, capaz de ajudar qualquer pessoa que deseja viver um milagre e alcançar grandes conquistas: prosseguir para o alvo. Nós não fomos feitos para viver estagnados, pensando que tudo que poderíamos fazer e viver já aconteceu. A vida é cheia de oportunidades para aqueles que se permitem ser desafiados.

Você tem um sonho? Prossiga para o alvo. Precisa de um milagre? Prossiga para o alvo. Espera pela cura? Prossiga para o alvo. E não pare. Pela fé, você verá os seus sonhos e projetos se tornarem realidade.

A fé faz com que enxerguemos com tanta clareza o nosso milagre, que podemos declará-lo e falar a respeito dele detalhadamente, antes mesmo que os nossos olhos possam enxergá-lo. É pela fé que não perdemos, por nenhum motivo, a visão dos nossos sonhos. É através dela que nos mantemos fiéis e focados na concretização do milagre. Pela fé temos forças para declarar como será o nosso futuro, levando a nossa mente até ele e fazendo-a trabalhar focada no alvo que pretendemos conquistar.

"NÃO TERMINA POR AQUI..." 157

Viver pela fé é não ter medo do futuro, é buscá-lo através dos pensamentos, das palavras e das atitudes, até o vermos claramente diante dos nossos olhos. Só alcançamos o milagre quando conseguimos visualizá-lo com clareza, então permita-se vislumbrar um novo futuro.

Fazer você planejar novos desafios e conquistá-los através da fé é o grande objetivo deste livro. Volte a sonhar e a planejar coisas grandes, não viva conformado com a sua realidade, planeje com Deus um futuro feliz, repleto de realizações, para que você sempre tenha o que compartilhar com outras pessoas e faça com que Ele seja glorificado por meio da sua vida.

Viva pela fé.

Que o Senhor o abençoe poderosamente.

Michael Aboud

USE A SUA FÉ COMO A CERTEZA DE ALGO QUE VOCÊ ESTÁ ESPERANDO.

40 DIAS DE FÉ E MILAGRES
@MICHAELABOUD

Este livro foi impresso
pela gráfica Santa Marta em
papel pólen bold 70 g/m²
em junho de 2025.